(296e) Vente LEMAITRE

PLANCHES

DE CUIVRE ET ACIER GRAVÉES

PIERRES LITHOGRAPHIÉES

ESTAMPES

DESSINS, LIVRES

ET

Ouvrages à Figures

COLLECTION ARCHÉOLOGIQUE

CLASSÉE PAR SIÈCLE, PAYS, GENRE, ETC.

VENTE : les 8, 9, 10 et 11 Novembre 1871

Me DELBERGUE-CORMONT
COMMISSAIRE-PRISEUR

M. VIGNÈRES
MARCHAND D'ESTAMPES

PARIS — 1871

19788
2133 25
2622 50
5162
29685-75

Bordereau

Madame Clement

584	5	
593	4	
598	3	
637	14	
673	15	
693	20	
696	16	
697 Malte Brun	31	
734	41	
	149	
	7	45
	156	45

montbordeur 1384-70
ôter Clement 156 45
1228-25
ajouter 697 32-55
1260 80

(298e)

CATALOGUE

DE

PLANCHES

DE CUIVRE ET ACIER GRAVÉES

PIERRES LITHOGRAPHIÉES

ESTAMPES, DESSINS, LIVRES

ET

Ouvrages à Figures

COLLECTION ARCHÉOLOGIQUE

Classée par Siècle, Pays, Genre, etc.

DONT LA VENTE AURA LIEU

Par suite du décès de M. **LEMAITRE**, Graveur-Éditeur

HOTEL DES COMMISSAIRES-PRISEURS

RUE DROUOT, 5, SALLE N°

Les Mercredi 8, Jeudi 9, Vendredi 10 et Samedi 11 Novembre 1871

A UNE HEURE PRÉCISE

Me DELBERGUE-CORMONT, Commissaire-Priseur,
rue de Provence, 8,
Assisté de **M. VIGNÈRES**, Marchand d'Estampes,
rue de la Monnaie, 13, à l'entre-sol,
CHEZ LESQUELS SE DISTRIBUE LE CATALOGUE.

EXPOSITION PUBLIQUE

Le Mardi 7 Novembre 1871, de 1 heure à 4 heures

PARIS 1871

ORDRE DES VACATIONS

PREMIÈRE VACATION

Planches de cuivre, acier et tirages	Nos	1 à 111
Pierres lithographiées et tirages		112 à 217

DEUXIÈME VACATION

Estampes anciennes et modernes	Nos	218 à 375

TROISIÈME VACATION

Collection particulière	Nos	376 à 421
Collection archéologique		422 à 577

QUATRIÈME VACATION

Estampes encadrées	Nos	578 à 619
Dessins		620 à 644
Livres et Ouvrages à figures		645 à 750

CONDITIONS DE LA VENTE

Elle sera faite au comptant.

Les Acquéreurs paieront CINQ POUR CENT en sus du prix d'adjudication, applicables aux frais.

M. VIGNÈRES, dirigeant la vente, se charge des Commissions.

NOTA. Toute commission sans prix fixé ou sans limite déterminée sera regardée comme nulle.

M. VIGNÈRES se charge de faire marquer les prix aux Catalogues des ventes qu'il a faites. Les personnes qui le désirent peuvent s'adresser à lui *franco*.

Plusieurs Amateurs éloignés en ont reconnu l'utilité pour les guider dans leurs Achats sur les valeurs des Estampes.

Les Catalogues des Ventes à faire seront envoyés aux personnes qui en feront la demande *affranchie*.

M. VIGNÈRES se charge des commissions dans les ventes de Livres et Estampes autres que les siennes.

Choix de Catalogues avec prix marqués.

Augustin-François LEMAITRE, graveur distingué, né à Paris, en septembre 1797, décédé en février 1870, est connu dans le monde artiste par ses innombrables travaux, tous marqués du cachet de l'art le plus pur : architecture, figure, paysage. Il avait absorbé tous ces genres avec succès.

On doit à sa pointe si fraîche, les beaux et grands paysages de *la Mort de Roland* dans la plaine de Roncevaux; — *l'Enlèvement de Proserpine*, d'après Rémond; — *le Berger et la Mer,* d'après le comte Turpin de Crissé; — *l'Abbaye d'Estrée,* dessinée d'après nature, par lui-même; — les beaux fragments de la *Frise de Parthenon;* — une tête de *la Victoire*, etc, etc. Toutes ces œuvres ont figuré aux expositions, et reçu les récompenses quelles avaient méritées.

En dehors des travaux exécutés par ce travailleur infatigable, qui, quelques jours avant sa mort, terminait encore une des belles planches destinée au *Dictionnaire de l'Académie des Beaux-Arts;* on lui doit l'habile direction de la gravure de magnifiques ouvrages, tels que : *l'Expédition de Morée,* par Abel Blouet; — *l'Asie-Mineure,* par Charles Texier; — *l'Algérie,* par Ravoisié (tous ces ouvrages encouragés par l'État); *l'Univers pittoresque*, par Firmin Didot; — *la Sicile et la Grèce*, par Hittorf; — *la Mission de Macédoine*, par Daumey; — *les Voyages pittoresques et artistiques dans l'ancienne France,* en collaboration avec M. le baron Taylor; et, en dernier lieu, le *Dictionnaire de l'Académie des Beaux-Arts.*

Ne négligeant rien de ce qui pouvait faire de ces ouvrages des œuvres de premier ordre, il y avait fait participer les graveurs les plus distingués, dont quelques-uns furent ses élèves, ainsi que son fils et sa fille.

Tout ce qui touchait aux arts et aux artistes lui était cher. Il aimait à réunir à ses travaux ceux de ses collègues. Aussi, a-t-il laissé une collection d'Estampes et de Dessins dûs aux burins et aux crayons des différents artistes de talent.

Savant aussi distingué que graveur habile, feu Lemaitre a laissé également une curieuse collection archéologique des temps anciens et modernes, préparée par lui, pour être présentée à quelque bibliothèque publique dont elle était vraiment digne, mais que le malheur du temps présent force à diviser.

Ses enfants ont eu à cœur de rappeler aux anciens amis de leur père, à ses collègues, aux artistes qui l'ont connu et ont su l'apprécier, quelques-uns des travaux qui honorent sa mémoire.

Ils ont cependant écarté de cet aperçu

quelques autres travaux se rapportant aux arts industriels, comme le daguerréotype, la photographie, l'héliographie, dont il s'était occupé assez sérieusement, cette notice n'ayant pas la prétention d'être une biographie. C'est un simple appel à la bienveillance du public, que le goût des œuvres belles et intéressantes pourra attirer à cette vente.

Mme C.....

J'ai respecté l'ordre du classement de la collection particulière de feu M. Lemaitre.

Dans la classification archéologique par pays ou province, je me réserve le droit de division, selon le possible, pour le besoin ou l'utilité.

VIGNÈRES

DÉSIGNATION

PLANCHES DE CUIVRE, D'ACIER

Tirage

1 **Allais.** Sainte Thérèse en extase, d'après *Jacquand*. — Saint Vincent de Paul reçu dans le ciel par les enfants trouvés, d'après *Robert Fleury*. 2 pl, en pendant, manière noire sur acier. H. 48, L. 40, et 10 épreuves.

2 **Allais.** L'Enfant volé. — L'Enfant trouvé, d'après *Grenier*. 2 pl. manière noire sur acier. H. 47, L. 38, et 14 épreuves.

3 **Allais.** Après la prière (c'est le portrait de Mlle de Sainte-Aldegonde). Planche manière noire sur acier, d'après *Dubuffe*. H. 39, L. 28.

4 **Allais.** Confiance en Dieu, d'après *Grenier*. Planche manière noire sur acier. H. 49, L. 40, et 25 épreuves.

5 **Allais.** Le Page indiscret. — Le Page gourmand. 2 pl. manière noire sur acier, d'après *Jacquand*. H. 46, L. 38, et 21 épreuves.

6 **Allais.** Effie et Jeanie dans la prison d'Edimbourg. — La jolie Fille de Perth, chez H. Smith (W. Scott). 2 pl. manière noire sur acier, d'après *Schopin*. H. 46, L. 38, et 98 épreuves.

7 **Allais**. La Réprimande.— La Fille bien gardée. 2 pl. manière noire sur acier, d'après *Destouches*. H. 53, L. 42, et 68 épreuves.

8 **Bar** (De). Souvenir du Dauphiné, eau-forte sur cuivre. Planche.

9 **Bar** (De). L'Anachorète. — Forêt de Fontainebleau et 2 paysages cintrés, 4 eaux-fortes sur cuivres. 4 planches.

10 **Bauman** (P.). Rebecca, tête. Planche manière noire sur acier.

11 **Beaume** (D'après). Famille du soldat, par *Bouchardy*. — Les Enfants du nocher, par *Maile*. — Le petit Cavalier, par *Allais*. — La Nourrice, par *Girard*, d'après Scheffer. 4 pl. manière noire sur acier, et 12 épreuves

12 **Blanchard**. Sainte Juste, d'après *Murillo*, burin sur acier. H. 33, L. 26. Planche et 47 ép.

13 **Blanchard**. Pêcheur vénitien. — Pêcheur napolitain. 2 pl. burins sur acier, d'après *Dom. Papety*. H. 20, L. 25. Ép., 19 en noir et 11 en couleur. 30 épreuves.

14 **Bonington** (D'après). L'Antiquaire. — Le Page. — Le Billet doux. — Méditation. — Jeune fille malade. 5 pl. manière noire sur acier, par *Reynolds*. H. 20, L. 16, et 95 épreuves

15 **Carey**. Arabes de l'Algérie, d'après *Giraud*, eau-forte sur acier. H. 29, L. 21. Planche et 36 épreuves

16 — Environ de Smyrne, d'après *Decamps*, eau-forte sur acier. H. 21, L. 29. Planche et 31 ép. chine avant la lettre.

17 **Charlet** (D'après). Je te salue, par *Sixdeniers*. — Départ du conscrit, par *Reynolds*. 2 pl. manière noire sur acier.

18 **Chollet**. La Vierge et l'Enfant Jésus, manière noire sur cuivre, d'après *An. Carrache*. H. 26, L. 19. Planche et 10 ép.

19 **Cornilliet**. La Vision de saint François. — Saint Joseph. 2 pl. manière noire sur acier, d'après *Guido Reni*. H. 35, L. 20, et 78 ép.

20 **Cornilliet**. Portraits de Rubens et de sa femme dit le chapeau de paille. 2 pl. manière noire sur acier. H. 25, L. 20, et 55 ép.

21 **Cornilliet**. Marchande d'œufs, d'après *Parris*. — Jeune fille à la fontaine, d'après *Rubio*. 2 bustes de femme. Manière noire sur acier. 2 planches.

22 **Cornilliet**. Agaceries, d'après *Elmore*. — Sourire, d'après *Frith*. 2 manière noire sur acier. H. 20, L. 17. 2 planches et 25 ép.

23 **Cornilliet**. Inquiétude et indifférence, scène d'enfants avec chiens, d'après *P. Véronèse*. Planche manière noire sur acier. H. 28, L. 38, et 2 ép.

24 **Cornilliet**. Le Matin. — Le Soir, 2 sujets de chiens, mezzotinto et eau-forte, d'après *Tayler*, sur acier. H. 23, L. 29. 2 planches et 30 ép.

25 **Cottin**. Le Christ, d'après *Zurbaran*. Planche manière noire sur acier. H. 53, L. 40. Ép. 35.

26 **Cottin**. Sainte Anne instruisant la sainte Vierge, d'après *Rubens*. Planche manière noire sur acier. H. 39, L. 29, et 5 ép.

27 **Cottin.** L'Amour à la ville. — L'Amour à la campagne. 2 pl. manière noire sur acier, d'après *Guillemin*. H. 35, L. 27, et 30 ép.

28 **Cottin.** La Devineresse. — Les Femmes et le Secret. 2 pl. manière noire sur acier, d'après *Verdier*. H. 55, L. 40, et 35 ép.

29 **Cottin.** La Fille mal gardée. — Le Départ et le Retour de la messe. 2 sujets en pendant, planches manière noire sur acier. H. 39, L. 30, et 17 ép.

30 **Cottin.** Le Printemps, d'après *Hervy*. — L'Automne, d'après *Leygue*. 2 manière noire en pendant sur acier. H. 43, L. 35. — Perette, d'après *Deroche*. 3 pl. et 179 ép.

31 **David** (D'après). Bélisaire. — Serment des Horace. — Marius a Minturnes, d'après *Drouais*. — Pierre-le-Grand, d'après *Steuben*. 4 burins sur cuivre. H. 46, L. 21. 4 pl. et 144 ép.

32 **Delaistre.** Raphaël et la Fornarina, d'aprés *Deveria*, burin sur cuivre. H. 35, L. 34. Planche et 1 ép. avant la lettre.

33 **Delaroche** (D'après). Cromwell. — L'Orage. — Jeanne d'Arc en prison. — Philippe Lippi. 4 pl. manière noire sur acier, par *Maile, Bouchardy, Reynolds*. H. 20, L. 16. Cromwell. H. 11, L. 20, et 56 ép.

34 **Desmadryl.** La Rencontre. Parmi ces fleurs vous êtes la plus belle. Planche manière noire sur acier, d'après *Willems*. H. 45, L. 39, et 17 ép.

35 **Desmadryl**. Le bon Ange.— Le Curé de campagne. 2 pl. manière noire sur acier, d'après *Mme Cavé*. H. 32. L. 22, et 49 épreuves

36 — La Coquette. — La Lecture du roman. 2 pl. manière noire sur acier, d'après *Mme Cavé*. H. 32, L. 22.

37 — Voltaire chez Mme de Pompadour. — Mort de Geneviève. 2 pl. manière noire sur acier, d'après *Mme Cavé*.

38 **Desmadryl**. L'Épagneul favori. — Le Griffon favori, deux sujets d'enfants avec chiens, d'après *Lepaulle*. Planche manière noire sur acier. H. 31, L. 28, et 29 épreuves

39 **Devéria** (D'après). Le Rendez-vous, par *Lucas*. — Le Billet doux. — La Fuite, par *Swebach*. 3 pl. manière noire sur acier et ~~4 épreuves~~

40 **Devéria** (D'après). Il est parti! par *Angel*. — Elle pense à lui.—Pense-t-il à moi? par *Chollet*. — Viendra-t-il? d'après *Monvoisin*, par *Maile*. 4 pl. manière noire sur acier. H. 22, L. 17, et 52 épreuves

41 **Dien**. Ora pro nobis. Vierge et Jésus, d'après *L. Carrache*. H. 33, L. 26. Burin sur cuivre, Planche et 14 ép. dont 10 chine.

42 **Doney**. Dona Séraphina, d'après *Paris*. — Theodora la Frascatane, d'après *Rubio*. 2 pl. manière noire sur acier, bustes de femmes.

43 **Doney**. La Fille du pêcheur. — Le Garde-Côte, d'après *A. Delacroix*. 2 pl. manière noire sur acier. H. 28, L. 23, et 45 épreuves

44 **Doney**. Le Sauveur du monde, d'après *Carlo Dolci*. — La Vierge au manuscrit, d'après *André del Sarto*. 2 pl. manière noire sur acier. H. 21, L. 16, et 43 épreuves

45 **Doney**. La Ménagère. — Le Buveur. 2 pl. manière noire sur acier, d'après *Valerio*. H. 20, L. 16, et 21 épreuves

46 **Dubufe** (D'après). Une première impression. — Le Désir de plaire. — L'Harmonie. — Le Goûter. — Le Chapeau de velours, d'après *Jackson*. 5 portraits de femmes, manière noire sur acier, par *Maile* et *Reynolds*. 5 pl.

47 **Dubufe** (D'après). Souvenirs. — Regrets. 2 pl., par *Reynolds*. — Abandon, par *Maile*. 3 pl. manière noire sur acier et 71 épreuves

48 **Dubufe** (D'après). Le Nid. — La Mésange. 2 pl. manière noire, par *Lucas*, sur acier.

49 **Fleischmann**. Portrait de Rembrandt, d'après lui-même. Manière noire sur acier. H. 30, L. 21. Planche et 40 épreuves

50 **Franck**. La Vierge du Parmesan et les bandits, d'après *Van Eycken*. Planche de cuivre. H. 26, L. 32. (Burin) 102 ép., 20 chine avant le sous-titre et 44 avant la lettre chine.

51 **Garnier**. La Vierge aux balances, d'après *Léonard de Vinci*. Planche de cuivre. H. 44, L. 30. (Burin) 55 ép. dont 21 sur chine.

52 **Garnier**. Le Présent de Faust (Gœthe). Planche manière noire, sur acier, d'après *Ary Scheffer*. H. 39, L. 31, et 14 épreuves

53 **Garnier**. La Mère convalescente en action de grâces. — L'effroi pendant l'orage. 2 pl. manière noire sur acier, d'après *Beaume*. H. 46, L. 37, et 53 épreuves

54 **Girard**. La Cène, d'après *Léonard de Vinci*. Planche manière noire sur acier. H. 45, L. 90. Très-grand in-fol. et 48 épreuves.

55 **Photographies**. La Cène de *Léonard de Vinci*. 6 ép. avec le cliché.

56 **Girard**. La Vierge sur la terre. — La Vierge dans le ciel. 2 pl. de cuivre, d'après *Raphael* et 2 épreuves

57 **Girard**. Joseph vendu par ses frères, d'après *Overbeck*. — Moïse fait sortir l'eau du rocher, d'après *Murillo*. — Jésus adoré par les Mages, d'après *Rubens*. — Jésus au milieu des docteurs, d'après *Decaisne*. — Laissez venir à moi les petits enfants, d'après *Overbeck*. — Jésus couronné d'épines, d'après *Van Dyck*. Suite de 6 pl. manière noire sur acier. H. 53, L. 40, et 162 épreuves

58 **Photographies**. Les mêmes, 6 sujets cintrés, de l'ancien et du nouveau Testament. 24 ép. avec les 6 clichés.

59 **Girard**. Le Gage d'amour. — La Correspondance. 2 pl. manière noire sur acier, d'après *Destouches*. H. 46, L. 38, et 93 épreuves

60 **Girard**. Candeur, d'après *Hayter*. — Innocence, d'après *Robertson*. 2 bustes de jeunes filles. Planches, manière noire sur acier.

61 **Guesnu.** Venise, le grand canal et la madone della Salute, d'après *Raffort*, H. 28, L. 47. (Burin sur acier). Planche et 12 ép. ~~sur chine avant la lettre~~.

62 **Ingres** (D'après). Raphaël et la Fornarine, par *Pradier*. H. 46, L. 37. Burin sur cuivre. Planche et 28 épreuves

63 **Jazet.** Innocence, d'après *Lawrence*, sujet d'enfants. Planche manière noire sur acier. H. 31, L. 30, et 22 épreuves

64 **Jazet.** Effroi maternel, scène des vêpres siciliennes. — Dévouement fraternel, scène de la Saint-Barthélemy. 2 pl. manière noire sur acier, d'après *E. Devéria*. H. 46, L. 37, et 56 épreuves

65 **Jazet.** Souvenirs de la Grande-Armée (1813). — Hongrie (1849). 2 planches sujets militaires, d'après *Léon Cogniet*. Manière noire sur acier.

66 **Jazet.** Le Soldat complaisant. — Le Hussard en semestre. 2 pl. manière noire sur acier, d'après *Destouches*. H. 46, L. 38, et 86 épreuves

67 **Jazet.** A tous les cœurs bien nés que la patrie est chère, d'après *Horace Vernet*. Grand in-fol., manière noire sur cuivre. H. 64, L. 50. Planche et ~~30~~ épreuves 29

68 **Jazet.** Le Départ. — Le Retour du conscrit. — Le petit Savoyard, d'après *Bellangé*. — Massacre des Innocents, d'après *L. Cogniet*, par *Lucas*. 4 pl. manière noire sur acier et ~~103~~ ép. 93

Lemaître 69 **Johannot** (D'après). La Déclaration. — Minna et Brenda. — Annette Lyle et Allan-Mac-Aulay, d'après *Decaisne*. 4 pl. manière noire sur acier, par *Girard*, *Reynolds*, *Sweback*. H. 21, L. 17, et ~~22~~ épreuves 43. 30

Lemaître 70 **Kœnig**. Enfant gardant du gibier, d'après *Robert Fleury*. — Enfants dérobant du gibier, d'après *de Rudder*, par *Ruhierre*. 2 pl. manière noire sur acier et 126 épreuves 202

Lemaître 71 **Laugier**. Le Ravissement de saint Paul, d'après *N. Poussin*. H. 65, L. 50. Planche au burin sur cuivre et 17 ép. avec la lettre. 200

[illegible] 72 **Lawrence** (D'après). M. Lambton. — Chaumière anglaise, d'après *Westall*. — Retour de chasse, d'après *Beaune*. — Le Pauvre, d'après *Francis*. 4 pl. manière noire sur acier et 5 épreu. 8

Lemaître 73 **Leclerc**. Les deux Sœurs de charité, 2 sujets en pendant, d'après *Devéria*. Burins sur cuivres. 2 pl. 31

Lemaître 74 **Lecomte** (N.). Sixte-Quint enfant, d'après *Schnetz*. Burin sur cuivre. H. 21, L. 18. Planche et 22 épreuves 28

Lemaître 75 **Lemaitre**. Ruines de l'abbaye d'Estrées. Burin sur cuivre. H. 23, L. 34. Planche. 9

Boisselalet 76 **Lemaitre**. Notre-Dame de Liesse, entourage à l'eau-forte composé de neuf sujets ornés. H. 30, L. 22. Planche d'acier. 2 pierres de 10-12, une de noir et une de teinte, 170 ép. avec les sujets historiques, 90 ép. in-8 sur papier blanc, 230 ép. avec la prière et 745 feuilles de la prière seule à 9 à la feuille; en tout, 490 ép. de la Vierge. 105

745 prières 75
[illegible] 90
95
230
490 ép

1 petite planche Mère. Acier
1 pl. acier a 6 sujets
1 pl. acier entourage
2 Pierres 1. de noir 1. de teinte

77 **Lemaitre.** Napoléon au bivouac, d'après *Bellangé.* — Napoléon à cheval, d'après *Horace Vernet.* 2 pl. burin sur acier. H. 18, L. 14 et H. 16, L. 11, et ~~165~~ épreuves 27.

78 **Lemaitre.** Enlèvement de Proserpine, d'après *Rémond.* Planche au burin sur cuivre. H. 44, L. 57. Épreuves 130, dont 51 avant la lettre et 19 sur chine.

79 — Tombeaux de Cartellier, Gourgaud, Masséna, Casimir Périer, Schœlcher. 5 pl. d'acier, épreuves d'essais et 5 dessins diverses, 14 p.

80 **Lemaitre.** Tête antique tirée du Parthénon. — Meuble époque Louis XIV, d'après *Le Potre.* — Caen, vue de l'Abside. 6 pl. : 6 cuivre, 4 acier.

81 **Lemaitre.** Le Berger et la Mer. Fable de La fontaine, d'après le *comte Turpin de Crissé.* Burin sur cuivre. H. 29, L. 23. Planche et 107 ép., dont 29 avant la lettre de chine.

82 **Lemaitre** et Manigaud, d'après *Oscar Gué.* — Cornillet, d'après *Ch. Mayre.* 2 pl. sujets d'enfants avec un chien, même titre (Les trois amis). Manière noire sur acier. H. 38, L. 31, et 29 épreuves

83 **Léopold Robert** (D'après). Les Pêcheurs, 1re et 2e composition. — Les Moissonneurs. — L'Improvisateur. — La Madone de l'Arc. 5 pl. eaux-fortes, par *Joubert,* sur acier et 333 épreuv

84 **Leprix.** L'Enfance de Jésus. Planche manière noire sur acier, d'après *Roehn.* H. 25, L. 20, et 8 épreuves.

85 **Leroux.** La Vierge à l'étoile, d'après *Pinturiccio.* Planche au burin sur cuivre. H. 29, L. 23.

86 **Leroy** (Alp.). Mater dolorosa, d'après *Van Dyck.* Planche au burin sur cuivre. 5 ép. avant la lettre chine.

87 **Lherie** (Ferdinand). Christ au tombeau, d'après *Gustaf Wappers.* Manière noire sur acier. Planche.

88 **Lignon.** Sainte Cécile, d'après *Dominiquin.* Planche au burin sur cuivre. H. 33, L. 27, et 47 épreuves

89 — Ecce Homo. — Sainte Madeleine. 2 pl. de cuivre, d'après *Guido Reni.* (Burin). H. 33, L. 27, et 72 ép. dont 32 Ecce Homo.

90 **Lignon.** Portrait de Mlle Mars, d'après *Gérard.* Burin sur cuivre. H. 25, L. 20. Planche et ~~76 ép. dont 62 avec l'ancien titre.~~

91 **Maile.** L'Hospitalité. — L'Horoscope. 2 pl. manière noire sur acier, d'après *Franquelin.* Sujets tirés de Léonide ou la vieille de Surène, par Victor Ducange. H. 46, L. 37, et 79 épreuves

92 **Mozin** (D'après). Lancement d'une barque de pêche, par *Manceau.* — Bénédiction d'une barque de pêche, par *Legrand.* 2 pl. manière noire sur acier. H. 39, L. 51 et 85 épreuves

93 **Murillo** (D'après). La sainte Vierge, reine des anges, par *Cousin.* — La Conception immaculée, par *Carey.* 2 pl. burin sur acier. H. 47, L. 12.

94 **Overbeck** (D'après). Élie. — Élisée. H. 33, L. 26. 2 pl. de cuivre gravées par *Ruscheweyh*. (Burin), 221 ép. dont 37 d'Élisée.

95 **Pichard**. Regrets. Jeune fille qui a cassé son pot. Planche manière noire sur acier, d'après *Verdier*. H. 25, L. 18, et 2 épreuves

96. **Pigeot**. Sainte Vierge, mère de douleur. — Jésus-Christ portant sa croix, 2 têtes, d'après *Jacquand* et *Lazerge*, dans des entourages ornés. 2 pl. au burin sur acier. 352 épreuves

97 **Pradier**. Portrait de Napoléon Ier, d'après *Gérard*. Planche au burin sur cuivre. H. 23, L. 20 et, ~~16 ép.~~

98 **Raphael** (D'après). La Fornarina, par *Leisnier*. Planche de cuivre. H. 30, L. 24. (Portrait au burin). 48 ép. avec la lettre, 9 avant la lettre dont 5 chine.

99 **Reynolds**. Portrait en pied de Napoléon à Sainte-Hélène. Planche manière noire sur acier, d'après *Horace Vernet*.

100 **Rollet**. Jocelyn aux pieds de l'évêque. — Laurence dans la grotte aux Aigles. Sujets tirés de Lamartine. 2 pl. manière noire sur acier, d'après *Jacquand*. H. 43, L. 33, et 196 épreuves.

101 **Rollet**. L'Inquiétude. — L'Effroy, 2 pl. manière noire sur acier, d'après *Franquelin*. H. 47, L. 38. Les deux compositions sont gravées deux fois. 4 planches d'acier et 167 épreuves

102 **Ruhierre**. L'Attente du bal, d'après *Destouches*. Planche de cuivre. H. 40, L. 34. (Burin), 144 épreuves

103 **Sixdeniers.** L'Éducation de la Vierge, d'après *Mme Deherain*. Manière noire sur acier. H. 45, L. 30. Planche et 77 ép. noir et 1 couleur.

104 **Taylor** (M. le baron). Voyage pittoresque en Espagne, Portugal et côte d'Afrique. 3 vol. texte et planches in-4, 165 pl., dont 110 cuivre et 55 acier, gravées par les meilleurs artistes; 9 exempl. avant la lettre chine, complets, grand papier; 5 exempl. avec la lettre in-4, dont 3 chine. 4 paquets d'ép. défets.

105 **Varin** (A.). Les Moissonneurs dans les marais Pontins, d'après *Léopold Robert*. Burin sur acier. H. 20, L. 30. Planche et 51 épreuves

106 **Vernet** (D'après Horace). Bataille de Bouvines. Bonaparte à Arcole. — D'après *Gerard*. Entrée d'Henri IV à Paris. Bataille d'Austerlitz. Burins sur acier. H. 13, L. 24. 4 pl. et 354 épreuves

107 **Vogel.** Un Chasseur de la garde, d'après *Raffet*. — Un Dragon de la garde, d'après *Odier*. 2 pl. manière noire sur cuivre.

108 **Wattier.** Le Quatrain. Composition dans le goût de Watteau, eau-forte sur acier. Planche.

109 La Vierge au lys, d'après *Viollet-Leduc*. — La sainte Vierge, d'après *Overbeck*. — Ecce Homo, d'après *Guido Reni*. — Le Chemin de la croix, d'après *Prudhon*. 4 burins sur acier dans des entourages ornés. 4 pl. et 32 épreuves

110 La sainte Vierge, d'après *Raphaël*. — La Vierge au coussin vert. — La Vierge au raisin. — Le Sommeil de Jésus. — Saint Jean-Baptiste enfant,

5 pl., sujets au burin dans des entourages ornés, sur acier. H. 11, L. 9, et 120 ép.

111 Saint François, d'après *Zurbaran*. — Saint Michel. — Sainte Julie. — Le Paradis perdu. — Vision de Jacob. — Isaïe. 6 pl. au burin sur acier, et 1,340 épreuves.

PIERRES LITHOGRAPHIÉES

Tirages

112 **Aubry-Lecomte**. Sainte Marie, modèle des Mères, d'après *Corrège*. H. 40, L. 31, avec entourage. 42 ép. sur chine. 1 pierre de noir de 12-16, 2 pierres de teinte et entourage or de 15-18.

113 **Aubry-Lecomte**. Psyché et l'Amour, d'après *Gérard*. H. 49, L. 34. Ép., 4 sur chine.
1 pierre de 18-22.

114 **Bellangé**. Jemmapes : vive la République. — Montmirail : vive l'Empereur. — Le retour de la S'mala d'Abdel-Kader, d'après *H. Vernet*, par *Ch. Vernier*. H. 30, L. 39. Ép., 39 sur chine.
3 pierres de noir de 16-20.
3 pierres de teinte de 16-20, dont une de 14-18.

115 **Bellangé**. La garde meurt et ne se rend pas. — Le grenadier de l'île d'Elbe, d'après *H. Vernet*, par *Pinçon*. H. 39, L. 30. Ép. 71, dont 48 chine et 23 couleur.
2 pierres 18-22 et 16-20, 2 de teinte de 14-18.

116 **Bettannier**. Mort de saint André-Avellin, d'après l'abbé *Lambert*. H. 40, L. 30. Ép. 93, dont 34 chine et 1 couleur. 1 pierre 16-20.

117 **Bettannier**. Politesse. — Attention et prévenance. — Obligeance empressée. — L'Offre de bon cœur. 4 sujets pour le savoir-vivre de l'enfance. H. 20, L. 16, d'après *Vernier*. Ép., 40 chine et 286 couleur.

4 pierres de noir et 4 de teinte de 9-11.

118 **Bettannier**. La jeune Mère, Prière du matin. — Instruction. — Les Cadeaux de noces. — La Mariée, d'après *Lafon*. — Le Retour de la chasse. H. 39, L. 32. Ép. 350, dont 262 chine et 23 couleur. 4 pierres de noir de 16-20, 1 de 18-24 et 1 de teinte 14-18; en tout 6 pierres.

119 **Bornot**. Petits modèles de dessins à l'estompe, procédé Philippon, format quart-raisin.

12 pierres de 10-12.

120 **Chatillon**. Têtes d'études de la Cène de *Léonard de Vinci*, 13 têtes et une couverture. Ép. 433, dont 40 teinte et 4 couleur.

13 pierres, dont 9 de 16-20 et 4 de 14-18.

121 **Clerget** (Hubert). Promenade de la reine Christine de Suède, sur le lac Melar. — Prise d'un vaisseau turc par une galère de Malte. 2 marines d'après *Mayer*. Ép., 107 sur chine et 8 couleur. 2 pierres de noir de 14-18. 2 pierres de teinte de 15-18.

122 **Colette**. La sainte Famille, d'après *Raphaël*. H. 40, L. 30. Ép. 187.

1 pierre de noir 15-18, de teinte 14-18.

123 **Corréard** (D'après). La journée du bon Curé, le matin, par *Marchais*. — L'après-midi, par *Ed. Morin*. — Qui donne aux pauvres prête à Dieu, par *Marchais*. H. 39, L. 30, ép., 70 sur chine et 22 couleur; en tout 92. 3 pierres de noir de 16-20, 3 pierres de teinte de 14-18.

124 **David** (D'après Jules). La Comédie du chat devant la toile. — Derrière la toile, par *Regnier* et *Bettannier*. H. 31, L. 23. Ép., 53 chine et 6 couleur, 59 ép. 2 pierres de 12-16.

125 **De Rudder**. Grandes têtes d'études : Nubien, Géorgienne, Condottière, l'Attention. 13 pierres. Ép. 183. 4 pierres de noir de 16-20, 4 pierres de teinte de fond de 18-24, 5 pierres pour parties de teintes de 16-20, en tout 13 pierres.

126 **Têtes d'Études** faisant suite à celles de *de Rudder*. La belle Féronnière, par *Weber*, d'après *L. de Vinci*. 56 ép. avec teinte. 2 pierres de 18-22, une de noir, une de teinte. — Le Giaour, par *Weber*, d'après *A. Scheffer*. 1 pierre de 20-26. — Lamadone, par *Mlle Bes*, d'après *H. Vernet*. 5 ép. 1 pierre; en tout 4 pierres.

127 **Desmaisons**. L'Ange gardien. La mère veillant, l'ange peut dormir. — L'ange veille, la mère peut dormir. 2 sujets cintrés, d'après *Cibot*. Ép., 117 chine et 8 couleur, 124 ép. 4 pierres de noir et de teinte de 12-16.

128 **Desmaisons**. La Délivrance. — La Protection, d'après *Jules David*, H. 30, L. 23. Ép. 32, dont 1 en couleur. 2 pierres de 12-16.

129 **Desmaisons**. L'Enjoleux, d'après *Bellangé*. — Le Hussard fourrageur, d'après *Grenier*, H. 23, L. 30. Ép. 54, dont 37 chine.
2 pierres de 12-16.

130 **Desmaisons**. L'Élève indocile. — Le Retour des champs, d'après *Finck*. H. 30, L. 25 et 35, 28. Ép. 19, dont 2 en couleur.
2 pierres de 15-18 et 12-16.

131 **Desmaisons**. Saute marquis ! d'après *Hornung*. — Le Concert enfantin, par *Eichens*, d'après *Beaume*. H. 39, L. 30. 2 Scènes de petits savoyards. Ép., 48 chine et 5 couleur, 53 ép.
2 pierres de noir de 16-20, 2 pierres de teinte de 14-18.

132 **Eichens** (H.). L'Offrande à la Vierge, d'après *G. Herz*. — La Sortie de l'église, par *Léon Noël*, d'après *Vogel*. Ép. 96, dont 68 chine et 8 couleur, et la réduction par *Fay*, 59 ép., dont 29 chine. H. 39, L. 25.
2 pierres de 14-18, et la petite 10-14; 3 pierres.

133 **Felon**. La Grâce de Dieu. — La Bénédiction du soir, par *Tessier*, d'après *O. Gué*, H. 30, L. 25.
2 pierres de 12-16 et une de 14-18.

134 **Felon** (J.). Le Bonheur maternel. — La Prière. 2 sujets en ovale. H. 33, L. 29. Ép., 29 sur chine.
2 pierres.

135 **Felon** (J.). Le Pardon. H. 20, L. 16. Ép. 46, dont 18 chine et 4 en couleur.
1 pierre de 8-10.

136 — L'Heureuse Mère. H. 35, L. 27.
1 pierre de 14-18. Ép., 55 sur chine.

137 **Felon** (J.). Souffle du Zéphir. — Mélodie des bois. 2 sujets cintrés. H. 31, L. 17. Ép. 128, dont 41 chine et 14 couleur.
2 pierres de 12-16.

138 **Felon.** La Rosée du matin. — La Rosée du soir. H. 35, L. 22. Ép. 104, dont 125 chine et 3 couleur. 2 pierres de 15-18.

139 — L'Aube du jour. — La Brise du soir. H. 35, L. 23. Ép. 108, dont 11 chine et 4 couleur.
2 pierres de 12-16.

140 **Photographies.** L'Aube matinale, 5. — La Brise du soir, 3; en tout 8 p. avec les 2 clichés.

141 **Felon.** L'Attente. — Étude de jeune fille napolitaine, par *Belliard*, d'après *Danton*. 2 pierres.

142 **Felon.** Le général Changarnier, en pied. — Le général Camou, en buste, par *Bettannier*. — Louis Napoléon, en pied.
3 pierres, 10-14 et 10-12.

143 **Fielding.** Cerf, Daim, Faisans, Coq et Poules. 8 pierres, 4 pierres de noir et 4 pierres de teintes de 8-10.

144 **Grenier.** Chasse en septembre. — Chasse en octobre. H. 23, L. 35. Ép., 25 sur chine et 24 couleur; en tout 49 épreuves
2 pierres de noir et 2 de teinte de 12-16.

145 **Greuze** (D'ap.). La Cruche cassée, par *Julien*. H. 25, L. 20. — La Lecture en famille, H. 30, L. 24. Ép., 31 sur chine.
2 pierres de noir de 12-16 et 1 de teinte de 14-18.

146 **Grevedon.** Portraits d'actrices célèbres, in-fol. : Anaïs Aubert. — Virg. Bourbier. — Doze. — Fanny Elssler. — Cornélie Falcon. — Rachel. 6 pierres.

147 **Grobon** frères. Modèle pour le dessin : Plantes, Fleurs et Fruits en usage dans l'ornementation; Laurier, Néflier, Chêne, Coquelicot, Rose cent-feuilles, Laitue frisée, Chou frisé, Pavot, Achante molle. H. 49, L. 32. Ép. 364.
8 pierres de 12-18, 1 pierre pour couverture 12-16.

148 **Grobon** frères. Raisin. — Feuille de chou. Ép. 83, dont 26 chine, 25 teinte et 11 couleur. — Lis jaune. — Pavot. H. 65, L. 51. Ép. 153, dont 76 sur teinte. 4 pierres de noir de 16-20, 4 pierres de teintes de 20-26.

149 **Jacot.** Le Marchand d'images, d'après *Guillemin*. Ép., 60 sur chine et 9 couleur, 69 ép.
1 pierre de 16-20.

150 **Jandelle.** La Vierge à la chaise, d'après *Raphaël*. — La Vierge aux raisins, d'après *Mignard*. H. 28, L. 23. Ép. 111, dont 78 sur chine et 16 couleur. 2 pierres 12-16.

151. **Julien.** Petits modèles : Principes, Têtes, Académies, format quart raisin. 93 pierres de noir de 10-12, 30 pierres de teinte de 12-16.

152. **Julien.** Cours d'Études aux deux crayons noir et blanc, demi-raisin. 30 pierres de noir de 12-16, 28 pierres de teinte de 16-20.

153. **Julien.** Cours gradué, d'après nature : Tableaux et statues, Principes, Groupes et Académies, 120 Dessins format demi-raisin.

60 pierres de 18-24, dont 8 de 18-20.

154. **Julien.** Fragments, grands modèles de Têtes, Torses, Pieds et Mains, format grand raisin. Ép. 163. 12 pierres, 5 de 18-24 et 7 de 18-22.

155. **Julien.** Académies, d'après nature, et Études drapées, 28 p., la grande tête de St-François, format grand-raisin. Ép. 526.

21 pierres de 18-24, et 8 de 18-22, 9 pierres de teinte de 20-26; en tout 38 pierres.

156. **Lafosse.** Dévotion au reliquaire. — Les Fiancés bretons, d'après *Saint-Germain*. H. 31, L. 25. Ép. 27 sur chine. 2 pierres 12-16.

157. **Lafosse.** Seuls au monde, d'après *Schlesinger*. — Seuls sur terre, par *Llanta*, d'après *Charpentier*. H. 39, L. 30. Ép. 65, dont 29 chine et 12 couleur. 2 pierres 16-20.

158. **Lafosse.** La Maman chérie. — La Convalescence, d'après *Guet*. H. 31, L. 25. Ép. 43 sur chine. 2 pierres de 10-14 et 12-16.

159. **Lafosse.** Les Patineuses, scène hollandaise. — La Promenade sur le lac, scène italienne. — Le doux entretien, scène vénitienne, d'après *Cottrau*. H. 40, L. 30. Ép. 61, dont 54 chine et 7 couleur. 3 pierres de noir de 16-20, 2 pierres de teinte de 15-18.

160. **Lambert** (l'abbé). Grâce, Prière, Mérite, 3 sujets religieux sur la même pierre, chromo-lithographies. 5 pierres noir et différents tons de 12-16.

161. **Legrand.** Soins de la ferme. — Cancans du lavoir, d'après *A. Delacroix*. H. 36, L. 30. Ép. 25 chine, et 4 en couleur.
2 pierres de noir et 2 de teinte de 16-20.

162. **Lemoine.** Les Filles de la source, d'après *Lehman*. H. 17, L. 22. Les Feuilles d'automne, par *Deshayes*, d'après *Tourneux*. H. 20, L. 37. Ép. 15 sur chine. 2 pierres 8-10.

163. **Liogier** (D'après Célestin). Enfants d'Alger, n° 1 et n° 2. — Afrique française, le Couscoussou. — Par Vernier, les Zouaves en Crimée. Les deux Sœurs de charité. — Les deux Amis. — Le Vengeur. 7 pierres.

164. **Llanta.** L'Education de la Vierge. — La Vierge et l'Enfant Jésus, d'après *Ch. Lefebvre*. H. 40, L. 31. Ép. 81 sur chine. 2 pierres 16-20.

165. **Llanta.** Saint François d'Assise et Sainte Claire, d'après *Ch. Lefebvre*. H. 33, L. 50. Ép. 31, dont 8 couleur. 1 pierre 18-22.

166. **Lœillot** (Karl). Etudes équestres, modèles de dessin aux deux crayons, format grand raisin. Ép. 144 avec teinte et 14 couleur; total 158 ép.
4 pierres de noir de 16-20, 2 pierres de teinte de 20-26.

167. **Lœillot** (Karl). Course à Chantilly. — Steeple-chase. — Chasse au cerf. — Chasse au sanglier. H. 23, L. 35. Ép. 183 sur chine et 20 en couleur. 4 pierres de noir et 4 de teinte de 12-16.

168. **Lugardon.** Espagne. — Fidélité. — Et par divers, sainte Christine, statue. — N.-D. de la

Garde, de Marseille. — Le sommeil de Jésus, d'après *Raphaël.* — Adoration des bergers, d'après *Ribera.* 6 pierres et 28 ép. du Ribera.

169. **Marchais.** Le Ménage du peintre, d'après *E. Villain*, en ovale. H. 40, L. 30. Ep. 30 sur chine. 1 pierre 14-18.

170. **Marin-Lavigne.** La Vierge et Jésus (*Gloria in excelsis Deo*), d'après *Signol*, avec fond d'or et bordure verte. H. 44, L. 34. Ép., 37 noir et 72 à fond d'or, 1 couleur; en tout 110.
3 pierres de 16-20, noir, or, vert.

171. **Marin-Lavigne.** Les Soins maternels. — Les Caresses d'une mère, d'après *O. Guet.* H. 38, L. 30. Ép. 102, dont 51 chine. 2 pierres de 16-20.

172. **Marin-Lavigne.** Le Passage en France. — Le Rappel des Chèvres, d'après *Giraud.* H. 39, L. 31. Ep., 31 sur chine et 9 couleur; en tout 40 ép.
2 pierres de noir 16-20, 2 pierres de teinte 14-18.

173. **Marin-Lavigne.** L'Étude, d'après *Wattier.* H. 39, L. 56. Ep. 34 sur chine.
2 pierres, 1 de noir et 1 de teinte, de 18-24.

174. **Marin-Lavigne.** Avant la bataille, matinée des Pyramides. — Après le combat, soirée d'Austerlitz, d'après *Bellangé.* H. 42, L. 36. Ép. 6.
2 pierres de 18-22 et 1 de teinte de 18-24.

175. **Maurin.** L'Union des souverains, paix du 30 mars 1856, d'après *Ch. Vernier.* — Les 3 Napoléons, par *Pauquet.* — Napoléon Ier en costume du Sacre, par *Tessier.* — Napoléon III en buste, en pied, et avec Eugénie, par *Perrassin*, *Massard*,

Vernier. Ép. diverses 115, dont 83 chine et 17 couleur.

6 pierres de noir, 1 de 12-16, 2 de 16-20, 2 de 18-22, 1 de 20-26, 1 pierre de teinte de 18-22.

176. **Morin** (Ed.). Chevaux arabes, Algérie, d'après *Ginain*. Ép. 35 sur chine. 1 pierre de 16-20.

177. **Morin** (Ed.). Amitié, d'après *Debacq*. H. 26, L. 21. — La Clochette, par *St-Aulaire*, d'après *Rousset*. H. 39, L. 30. Ép. 48, dont 20 chine et 11 couleur. 2 pierres, 10-14 et 16-20.

178. **Noël** (Léon). Sainte Geneviève, d'après *O. Gué*. H. 45, L. 38. Ép. 5. 1 pierre de 18-22.

179. **Noël** (Léon). La Demande en mariage. — Le Billet de confession, d'après *Alph. Roehn*. H. 39, L. 32. Ép. 133, dont 31 chine et 17 couleur. 2 pierres 16-20.

180. **Noël** (Léon). Le Rapt. — La Délivrance, d'après *Schöpin*. 2 sujets de brigands. H. 38, L. 30. Ép. 54 sur chine. 2 pierres de 16-20.

181. **Noël** (Léon). L'Inondation (Suisse). — Les Orphelins du guide, d'après *Giraud*. H. 39, L. 31. Ép. 56, dont 34 chine et 9 couleur.

2 pierres, 16-20.

182. **Noël** (Léon). Le petit Elève. — Les Enfants surpris par l'orage, d'après *Mme Pagès*. H. 31, L. 25. Ép. 73, dont 33 chine et 6 couleur.

2 pierres de 12-16.

183. **Perrassin.** Enfant-Dieu. Divine prédestinée. — Humain-pressentiment. 2 sujets, d'après *Pietro-Benetti*. Ép. 67, dont 9 en couleur.

2 pierres de noir 16-20, 2 pierres de teinte 14-18.

184. **Pinçon.** Le Christ consumatum est, d'après *Zurbaran.* — La Conception Immaculée, d'après *Murillo.* H. 39, L. 30. Ép. 64 noir, 27 chine et 13 couleur; total 104 ép. 2 pierres 16-20.

185. **Pinçon.** Mater admirabilis, Vierge et Jésus, d'après *An. Carrache.* H. 31, L. 24. Ép. 46, dont 22 chine et 9 couleur. 1 pierre 16-20.

186. **Pinçon.** Le petit Matelot. H. 35, L. 25. — La Famille du pêcheur, par *Léon Noël,* d'après *M*[lle] *Capelaere.* H. 36, L. 28. Ép. 30, chine et 3 bl. 2 pierres 14-18 et 15-18, et une teinte 12-16.

187 **Prudhon** (D'après). L'Assomption de la Vierge, par *Dufourmantelle.* — La Descente de Croix, d'après *Jouvenet,* par *de Lespine.* H. 52, L. 36. Ép. 115, dont 8 blanc, 101 chine et 6 couleur. 2 pierres 20-26 et 18-22.

188. **Raunheim.** Le Pardon, d'après *Winterhalter.* — Bonheur maternel, par *Léon Noël,* d'après *Riedel.* H. 39, L. 30. Ép. 30 sur chine et 7 en couleur. 2 pierres de noir de 16-20, 18-22; et 2 de teinte de 14-18.

189. **Raunheim.** L'Anneau de saint Louis. — Sedaine composant Rose et Colas, par *Colette.* 2 pierres.

190. **Regnier.** Paul — Virginie, d'après *M*[me] *E. Leloir.* 2 sujets ovales. H. 25, L. 20. Ép. 29, dont 3 couleur. 2 pierres de 12-16.

191. **Regnier.** La petite Coquette. — Premier Bonheur. — La Toilette du chien, d'après *Finck.* H. 30, L. 25. Ép. 104, dont 55 chine et 11 couleur. 3 pierres de 12-16.

192. **Regnier et Bettannier.** La Réprimande. — La Récompense, d'après *J. Forey*. H. 40, L. 31. Ép. 56 chine et 31 en couleur.
2 pierres de noir et 2 de teinte de 16-20.

193. **Roëhn** (D'après Alph.). Mars et Vénus surpris par Vulcain, par *Soul. Teissier*.
1 pierre de 14-18. Ép. 23 sur chine.

194. — La Servante maîtresse. — L'Absence du maître, 2 sujets, par *Desmaisons*. — Le Repentir, par *Vogt*, d'après *Valou de Villeneuve*. 2 pierres de 12-16 et 1 de 14-18 ; en tout 3 pierres.

195. **Sigalon** (D'ap.). La Courtisane, par *Colette*. H. 23, L. 30. 1 pierre de 15-18; et 1 teinte.

196. **Signol** (D'après). La sainte Vierge, reine du Ciel. Ép. 21, dont 1 couleur. — L'Immaculée Conception, par *Bettannier*, d'après l'image offerte aux évêques par Pie IX. Ép. 35, dont 19 chine et 7 couleur. 2 pierres 16-20 et 14-18.

197. **Signol** (D'après). Le Christ laboureur. — Le Christ protecteur du travail, 2 sujets, par *Bettannier*. H. 40, L. 30. p. É127, dont 40 chine et 24 couleur. 2 pierres 16-20.

198. **Signol** (D'après). Flore, par *Perrassin*. — Pomone, par *Ed. Morin*. H. 35, L. 22. Ép. 150, dont 47 chine et 13 couleur. 2 pierres de 14-18.

109. **Teissier** (Soulange). La Conception Immaculée, d'après *Murillo*. H. 46, L. 36. Ép. 27, dont 7 en couleur. 1 pierre 18-22.

200. **Teissier** (Soulange). Ecce Homo, d'ap. *C. Bazin*. — Mater Dei, d'après *Lazerge*. H. 40, L. 38. Ép. 170, dont 94 chine et 14 couleur. 2 pierres 16-20.

201. **Teissier** (Soulange). Le Christ portant sa Croix, d'après *Jacquand*. — La Vierge aux douleurs, d'après *Lazerges*. H. 35, L. 25, en ovales. Ép. 349, dont 239 chine et 21 couleur, 4 pierres de 10-12, 2 pierres d'entourage de 12-16.

202. **Teissier** (Soulange). Mort de saint Pierre de Vérone. — Mort de saint François-Xavier, 2 lithographies, d'après *E. J. Lafon*. H. 34, L. 46. Ép. 86 sur chine. 2 pierres 16-26.

203. **Photographies**. Mort de saint Pierre de Vérone et de saint François Xavier. 7 p. avec les deux clichés.

204. **Teissier** (Soulange). Le Moine in pace, d'après *Jacquand*. H. 34. L. 45. Ép. 50 sur chine. 1 pierre 16-20.

205. **Teissier** (Soulange). L'Entrée au couvent. H. 33, L. 40. 1 pierre de 16-20.

206. **Teissier** (Soulange). Les Dangers partagés, d'ap. *Beaume*. H. 33, L. 44. Ép. 7. 1 pierre de 18-22.

207. **Teissier** (Soulange). La Retraite au désert, d'après *E. de Lansac*. H. 44, L. 60. Ép. 44 sur chine. 2 pierres, 1 de noir et 1 de teinte de 18-24.

208. **Teissier** (Soulange). La Famille du moissonneur. — L'Enfant de la chaumière, d'après *Gué*. H. 40, L. 30. Ép. 24 sur chine. 2 pierres de noir de 16-20, 2 pierres de teinte de 14-18.

209. **Teissier** (Soulange). J.-J. Rousseau et Mlle Challey. — J.-J. Rousseau et Mme d'Houdetot, d'après *Duval Lecamus*. 2 pendants avec tons. Ép. 49, dont 31 chine et 18 couleur. 2 pierres de noir de 18-22, 2 pierres de teinte de 16-20.

210. **Valerio.** Scènes italiennes. La Tarentelle, royaume de Naples. — La Saltarelle. — Les Pifferari. — Le Jeu de la Mora, Etats romains. — L'Angelus, campagne de Rome. — Pâtre gardant des buffles, Marais Pontins. — Souvenir de Terracine, États romains. — Une Messe pendant la moisson, campagne de Rome. H. 32, L. 45. Ép. 144 avec teinte et 53 en couleur, en tout 197. 8 pierres de noir et 8 pierres de teinte, total 16 pierres de 16-20.

211. **Varin.** Le Repos en Égypte, dans un entourage gothique orné. H. 49, L. 36. Ép. 79 sur chine.

1 pierre de noir 18-22, 1 pierre de teinte 14-18.

212. **Vernier** (Charles). Le Tambour-Major de la Garde (Wagram 1809), à la grande revue en 1811. H. 39, L. 30. Ép. 225, dont 214 chine et 11 couleur. 2 pierres de noir de 16-20, 2 pierres de teintes de 14-18.

213. **Vernier** (D'après Ch.). L'Aumônier du régiment. — La Sœur de charité, par *Vernier* et *Bettannier*. H. 33, L. 25. Ép. 7 en couleur.

2 pierres de noir et 2 de teinte de 12-16.

214. **Vernier** et **Bettannier.** Les Promenades de Paris. — Les Champs-Elysées. — Le Palais de l'Industrie. — Les Tuileries. — Le Bois de Boulogne. H. 24, L. 35. Ép. 158 chine et 21 couleur, 169 ép.

4 pierres de noir et 4 de teinte de 12-16.

215. **Vernier** et **Bettannier.** Les Bals de Paris, Mabille. — Valentino. — l'Opéra. — Salon de

la Victoire. — La Closerie des Lilas. — Constant. Le Bal d'Asnières. — Le Château des Fleurs. 8 sujets. H. 31, L. 23. Ép. 202 chine et 83 en couleur, 285 ép.

8 pierres de noir et 8 pierres de teintes de 12-16.

216. **Wéber.** Le Ménage au camp. — Le petit Lambin, d'après *F. Grenier*. H. 36, L. 29. Ép. 8.

2 pierres de 14-18.

217. **Worms.** L'Éducation du singe. La Leçon de musique, d'après *Rivaud*. — L'Éducation du chien, l'exercice, par *Ed. Morin*, d'après *Gué*. H. 39, L. 30. Ép. 26 sur chine. 2 pierres de 16-20.

ESTAMPES ANCIENNES ET MODERNES

Lithographies

218 **Anonyme.** Les Amants écossais. Manière noire, grand in-fol., avant toute lettre, toute marge.

219 **Architecture.** Cathédrale d'Amiens, Laon, Vues lithog. et photog., détails et autres, Château d'Heidelberg. 42 p. dans un portefeuille.

220 **Audran.** Le Temps enlevant la Vérité, d'après *N. Poussin*. Toute marge.

221 **Balechou.** La Tempête, d'après *J. Vernet*. Belle ép. sans les raies sur le texte en bas.

222 **Bervic.** Linnée, in-4, d'après *Roslin*. — Massalki, évêque de Vilna. 2 portraits.

223 **Bonington**. Architecture du moyen-âge. Beauvais, intérieur d'une cour; Caen, église Saint-Sauveur; Maison grande rue Saint-Pierre; Tour du Gros-Horloge, à Évreux. 5 p. Très-belles ép. rares.

224 **Bonington**. Rue du Gros-Horloge, à Rouen. — Tour du Gros-Horloge, à Évreux. — Tour aux Archives, à Vernon. — Ruine en Bretagne, etc. 5 p. sur chine Très-belles ép.

225 **Bosq**. Enfance de Sixte-Quint, d'après *Schnetz*. Magnifique ép. d'artiste, chine, toute marge.

226 **Bosq**. Les Adieux au monde, d'après *Mme Haudebourg*. Magnifique ép. d'artiste sur chine, toute marge.

227 **Brunot**. Anatomie du cheval. 13 pl. coloriées et 2 feuilles de texte.

228 **Callot**. Les Misères de la guerre, 18 p. Superbes ép. avec marge, avec adresse d'Israël.

229 **Caron** (Toussaint). Le Lévite d'Éphraïm, d'après *Couder*. Superbe ép. sur chine avant la lettre, avec dédicace signée à l'encre, toute marge in-fol.

230 **Claude Lorrain** (D'après). Danse des bergers. — Le Sacrifice. — Heidelberg, par *Haldeuvang*. In-fol. et autres, 9 p.

231 **Colette**. Les Saisons, sujets de femmes, 137 p.

232 **Cook** (D'après Richard). Vignettes pour la dame du lac de Walter Scott. 7 p. in-8, tirage in-4 sur chine. Superbes ép., lettres grises.

233 **Decamps** (D'après). Les petits Pâtissiers, par *E. Leroux*. — Chasse au loup, par *Sirouy*. 2 lithog. in-fol. tirées de la collection de M. Moreau. Superbes ép.

234 **Delaistre**. Une Chasseresse, d'après *L. Cogniet*. Superbe ép. d'artiste sur chine (47), toute marge.

235 — La même, avec la lettre sur chine, signée et une ép. d'eau-forte pure. 2 p., toute marge.

236 — Hercule et l'Hydre, d'après *Bosio*. — Le Démon précipitant les âmes, d'après *Flatters*. Figures académiques pour prix de gravures, par divers, etc. 8 p.

237 **Denon**. Le grand Taureau, d'après *Paul Potter*. — Paysages, par d'*Henriet*. — Numans, d'après *Marilhat*. — Thienon. 4 p. à l'eau-forte.

238 **Desnoyers**. La sainte Famille, d'après *Raphaël*. Très-grand in-fol.; échantillon plié, coupé.

239 **Deveaux** (M.). Portrait de M. Hippolite Le Bas, architecte, in-fol., d'après *Cabanel*, offert par ses élèves. Superbe ép. sur chine avec signature autographe *H. Le Bas*. Toute marge, rare.

240 **Dieterlin**. Ornements, chapiteaux, colonnes. 5 p. superbes.

241 **Divers**. Architecture, Ornements. 46 p. dans un portefeuille.

242 **Doney**. Charlemagne et Hildegarde. Manière noire, grand in-fol., d'après *Schopin*. Superbe ép., toute marge.

243 **Dupont** (Henriquel). Portrait d'Hussein-Pacha, d'après *Champmartin*, in-fol. Très-belle ép., toute marge.

244 **École française.** Sujets divers, d'après *Le Moyne, Lesueur*, etc. 10 p., toute marge.

245 **Écoles diverses.** D'après *Dominiquin, Jordaens*, etc. 9 p.

246 **Edelinck.** Les Bains d'Apollon. — Plafond, d'après *Mignard.* — Martyre de Saint-André, d'après *Lebrun*, etc. 4 p., grand in-fol., marge.

247 **Edelinck.** Les quatre Saisons, d'après les dessins de *Lebrun*. Statues dans le jardin de Versailles, 4 p. in-fol., toute marge.

248 **Études** de chevaux, par *Carle Vernet*, n°s 2, 4, cheval arabe équipé, 3 p. in-fol. Superbes ép.

249 — de chiens, de Victor Adam, et autres animaux, de Newton Fielding, Chasse au cerf, d'Oudry. 12 p.

250 **Études** d'Ornements aux deux crayons, par Carot, Roux, Romagnési. Plusieurs ép. d'échantillon coupées.

251 **Fac-simile** de dessins, aquarelles et bistre. 11 p. coupées échantillon.

252 **Forster.** Portrait de Louis Ier, roi de Bavière, d'après *Steiler*. Magnifique ép. sur chine, lettre grise, in-fol., toute marge.

253 **Forster.** François Ier et Charles-Quint visitant les tombeaux de Saint-Denis, d'après *Gros*. Très-belle ép., toute marge, gr. in-fol., signée.

254 **Fortier.** Forêt vierge du Brésil, d'après le comte de *Clarac.* Superbe ép. d'eau-forte pure, avec la plante à gauche dans la marge en bas. Très-grand in-fol., toute marge. — La même, terminée avec la lettre, 2 p.

255 **Fortier.** D'après Claude Lorrain et autres, Pauquet, Pillement. 26 ép. d'eau-forte pure. Paysages, compositions d'après Prudhon et autres, in-fol.

256 **Franck** (Jérôme). Portrait à mi-corps de M. de Morny. Magnifique ép. avant toute lettre sur chine, toute marge, dédicace signée.

257 **Franck** (J.). Le Prisonnier, scène égyptienne, d'après *Gérôme.* Superbe ép., très-grand in-fol. sur chine, toute marge, dédicace signée.

258 **François** (Alphonse). Le général Bonaparte franchissant les Alpes, d'après *P. Delaroche.* Très-grand in-fol. Superbe ép., toute marge.

259 **Frilley.** La pauvre Femme en couche, d'après *Scheffer.* Magnifique ép. d'artiste sur chine, toute marge.

260 **Gelée.** La Marée d'équinoxe, d'après *Roqueplan.* Magnifique ép. d'artiste avant toute lettre, toute marge, dédicace à l'encre.

261 **Gérard** (D'après). Illustration pour Virgile. 22 p. petit in-fol., toute marge, dans un portefeuille.

262 **Gérault.** Gabrielle de Vergi, d'après *Monvoisin.* Très-belle ép. d'artiste sur chine, toute marge.

263 **Géricault**. Cahier des douze grands chevaux.

264 **Godefroy**. Psyché et l'Amour, d'après *F. Gérard*, avec titre anglais et français. Superbe ép. Très-grand in-fol., toute marge.

265 — La même estampe. Très-belle ép. sur chine, avec titre français. Très-grand in-fol., toute marge.

266 **Greber**. Diogène, beau paysage, d'après *N. Poussin*. Superbe ép. sur chine, toute marge.

267 **Jazet**. Le galant Vigneron, d'après *Steinheil*. Manière noire, grand in-fol. Superbe ép., toute marge.

268 **Jazet**. Le vieux Soldat dans sa famille, d'après *Bellangé*. Grand in-fol., manière noire, toute marge.

269 **Jazet**. Fléaux du XIXe siècle, d'après *Horace Vernet*. Manière noire, in-fol.

270 **Jazet**. Mazeppa poursuivi par les loups, d'après *H. Vernet*. Grand in-fol., manière noire, toute marge.

271 **Jazet**. Cavalcatore conduisant des bœufs, d'après *Horace Vernet*. Très-belle ép., manière noire, toute marge, très-grand in-fol.

272 **Jazet**. Le Baptême sous la ligne. — Les Comédiens ambulants, 2 manière noire, très-grand in-fol., d'après *Biard*. Très-belles ép., toute marge.

273 **Johannot** (Alfred). Les Orphelins, eau-forte pure. Superbe ép. chine.

274 **Johannot.** Vignettes pour Lamartine, Raphaël. — Les confidences. 8 p. chine avant la lettre, superbes.

275 — Vignettes pour Werther de Goëthe. 8 p. sur chine avant la lettre, superbes.

276 **Johannot.** Vignettes, fleurons pour les œuvres de Watter Scott, 12 feuilles à 2 sujets. Superbes ép., grand papier.

277 **Johannot** (D'après). Vignettes pour divers ouvrages. 10 p. Superbes ép. avant la lettre.

278 **Johannot** (D'après). Vignettes pour La Fontaine. Superbes ép. d'artistes et eaux-fortes, 17 p., tirage in-4 et grand in-8.

279 — Vignettes pour Watter Scott, 30 p. sur chine, grand in-8, superbes. 18 eaux-fortes, 16 vues pittoresques d'Écosse; en tout 64 p.

280 **Julien.** Grandes têtes d'études, nombre d'ép., suites incomplètes, seront vendues par lots.

281 — Grandes têtes d'études aux deux crayons, 13 différentes. 451 p.

282 — Grandes têtes d'études en couleur. 30 p.

283 **Julien.** Grandes études académiques, d'après nature et figures drapées aux deux crayons. 474 ép.

284 **Julien.** Les deux Figures d'anges et autres, têtes défets noir et aux deux crayons. 158 p.

285 **Raimondi** (Marius). 1566. Conversion de saint Paul. B. 16, très-belle ép. collée.

286 **La Belle.** Beau Paysage en hauteur avec cavaliers et troupeau de moutons, belle ép. — Sainte Famille de la Hyre, belle eau-forte. 2 p.

287 **Lagoix** (De). Fac-simile de dessins de maîtres. 89 p. dans un portefeuille 8

288 **Landseer.** Appolini. Médaillons contenant 26 portraits de musiciens. In-fol. Superbe ép. 12

289 **Laugier.** Napoléon visitant les pestiférés de Jaffa, d'après *Gros.* Magnifique ép. avant la lettre, très-grand in-fol., toute marge. 16

290 — Napoléon à Jaffa. Superbe ép., avec la lettre, très-grand in-fol., toute marge. 10

291 **Lawreince** (D'après). Le Salon, eau-forte pure, par *Dequevauvilliers.* 35

292 **Lebas** (Ph). Voyage en Asie-Mineure. 18 livraisons de 48 à 66. 8

293 — Athènes, Itinéraire, Péloponèse, Essais par Lemaître. 233 p. dans deux portefeuilles. 15

294 **Le Brun** (D'après). Renouvellement d'alliance avec les Suisses. — Défaite de l'armée espagnole, près le canal de Bruges. 2 p. par *Leclerc* et *Nolin.* In-fol., marge. 4

295 **Lemaître.** Algérie, Morée, etc., etc. 78 p., essais et dans un portefeuille. 12 50

296 — Château de Gaillon, vues et détails. 43 ép. d'essais dans un portefeuille. 3 50

297 — Persé, Persepolis, etc., etc. Essais et ép. doubles. 216 p. dans deux portefeuilles. 12 50

298 **Lemaître.** Asie-Mineure, d'après *Landron*, pour l'ouvrage de *M. Le Bas.* Essais, 224 p. dans deux portefeuilles. 10 50

299 — Monuments figurés, d'après *Landron.* Essais pour l'ouvrage de *M. Le Bas.* 190 p. dans un portefeuille. 10

300 **Lemaitre.** D'après Heuzey et Daumet. Mission de Macédoine. Ép. d'essai et doubles, 227 p.

301 — Dictionnaire des Beaux-Arts : plans, coupes de monuments antiques, statues, etc. 540 p., essais et doubles, 2 lots.

302 — Essais tirés de divers ouvrages : monuments, vues, costumes, statues, détails d'architecture, etc. 300 p.

303 — Rome, antiquités diverses, etc., 92 p. dans un portefeuille.

304 **Lemaitre.** L'Arménie, la Perse et la Mésopotamie, d'après *Texier*. 112 p. in-fol., dont le titre en chromo, dans un portefeuille.

305 **Lemaitre.** Ouvrage d'architecture sur la Sicile, publié par *Hittorff*. 148 p. in-fol., essais des doubles, dans deux portefeuilles.

306 — Ouvrage de M. Gailhabaud et divers. 157 p., Essais dans un portefeuille.

307 **Lemaitre.** La Perse, d'après *Texier*, pour M. Horeau, 15. — Péloponèse, d'ap. *Landron*, 4. — Messène, 10. — Asie-Mineure, 10 ; en tout 39 p., superbes ép.

308 **Lemaitre.** Monuments, vues, bas-reliefs et détails, d'après *Texier*, pour l'Asie-Mineure. Ép. d'essais et doubles, 200 p. dans un portefeuille.

309 — Monuments historiques, d'ap. Viollet le Duc et autres, château de Blois, abbaye de Tournus, pont du Gard, etc. Essais, doubles, 58 p. dans un portefeuille.

310 **Lemaitre**. Mission de Macédoine, d'après *Daumet*. Essais, 55 p. dans un portefeuille.

311 — Géométrie descriptive. 82 dessins à la plume et gravures pour l'art de bâtir dans un portefeuille.

312 **Lemaitre**. Le pont du Gard, architecture, monuments de l'Asie-Mineure, temple, théâtre et autres. 34 p., grand in-fol., des doubles.

313 **Lemaitre**. Monuments figurés et historiques. 86 ép. d'essais dans un portefeuille.

314 **Lemaitre**. Recueil de décorations théâtrales. 34 p. au trait in-4, d'après *Léger Larbouillat*.

315 **Lemaitre**. Œuvre, lithographies, vues de Normandie, etc. 7 p.

316 — Gravures. Monuments historiques, Asie-Mineure, etc., spécimen. 26 p. dans un portefeuille.

317 — Épreuves pour expédition de Morée, Compiègne, bijoux étrusques. 54 p. dans un portefeuille.

318 — Italie, d'après le comte de Forbin, Naples, d'après le comte Turpin de Crissé et autres, avec différence. 28 p. dans un portefeuille.

319 — Vues de Grèce, vignettes, d'après Johannot, Tombeaux, etc. 48 p. dans un portefeuille.

320 — Épreuves de monuments d'architecture, tirés de divers ouvrages. 49 p. in-fol.

321 — Épreuves d'essais et avec différences : monuments, vues et compositions, paysages, etc. 50 p. in-fol.

322 **Lemaitre** et divers. Eaux-fortes de monuments, bijoux étrusques et autres. 45 p. dans un portefeuille.

323 **Leroux.** La Vierge aux anges, d'après *Murillo.* Très-grand in-fol., échantillon plié, coupé.

324 **Lignon.** Louis-Philippe, roi des Français, en pied, d'après *Dupré.* Superbe ép., grand in-fol., toute marge.

325 **Lithographies**, par *Boilly*, d'après *Prudhon*, *Leroux*, d'après *Guignet*, *Laroche*, d'après *Troyon*, etc. 6 p. in-fol.

326 — De Henri Monnier, E. Isabey, Fragonard, etc. Vues et portraits. 20 p., la plupart in-fol.

327 **Lithographies.** Vues de Normandie, Caen, Rouen, Jumièges, par *Athalin*, *Ciceri*, etc. 8 p.

328 — Vues de Picardie et autres, par *Ciceri*, *Haghe*, *Gudin* et autres. 35 p.

329 **Lœilliot.** L'Hippophile, Haras, Équitation, Chevaux de trait, de course, de chasse, etc. 40 p. in-fol. coloriées, dans un portefeuille.

330 — L'Hippophile, 18 p., chevaux en noir.

331 **Lœilliot.** Sujets équestre. 12 p., dont 2 en couleur.

332 — Anatomie du cheval. 25 p. dont 12 en couleur.

333 **Marines** de Beaugean, Perelle: dessins, calques, etc. 30 p. dans un portefeuille.

334 **Martinez.** Figures anatomiques et d'après *Verner*, etc., 7 p., dont 5 grand in-fol.

335 **Mellan.** Tête de Christ, d'une seule taille.

336 **Mercuri.** Mme de Maintenon, d'après l'émail de *Petitot.* 2 ép. d'essais à différents états de la 1re pl., l'une rognée, l'autre toute marge.

337 **Miger.** La Nymphe Io changée en vache, d'après *Hallé.* — Naissance de Vénus, par *Fessard,* d'après *de Troy.* 2 p. grand in-fol., toute marge.

338 **Moitte.** Jupiter foudroie les Titans, d'après *Le Blond.* Grand in-fol., toute marge.

339 **Moreau** le jeune. Sacre de Louis XVI, à Reims. Eau-forte pure, gr. in-fol., sans marge.

340 **Morel.** Le Serment des Horaces, d'après *L. David.* Superbe ép., lettre grise, très-grand in-fol., toute marge.

341 **Noël** (Léon). Portrait en pied de M. le baron Taylor, d'après *Lefèvre.* Grand in-fol. sur chine, toute marge.

342 **Numans** (A.). Le Gué, d'après *Rœlof.* — Le Ravin, 2 riches paysages à l'eau-forte. Grand in-fol., avec dédicace.

343 **Ollivier.** Vues de la cathédrale de Chartres, vitrail et détails du vieux clocher, etc. 11 p., très-grand in-fol.

344 **Orientaux.** Monuments, sculpture, costumes arabes, Égypte, Ninive, etc., vues du Caire, Thèbes, etc. 54 p. tirées de divers ouvrages dans un portefeuille.

345 **Ornementation.** Choix de modèles, réunis dans un portefeuille. Gravures, lithog., dessins, croquis et photog. 60 p.

346 **Ornements.** Collection Reynard, moyen-âge monumental et autres. 40 p., la plupart échantillons coupés.

347 **Pelée.** Le président Duranti, d'après *P. Delaroche.* Belle ép., toute marge in-fol.

348 **Pfnor.** D'après Visconti et autres : Fontaine Molière, Louvois, vues et détails, Halles centrales, Ferrures et rosace de Notre-Dame, vues de Londres, etc. 15 p., très-grand in-fol.

349 **Photographies.** Champ de bataille d'Eylau, 6. — Jaffa, 5. — François Ier, à Saint-Denis, 2 ; en tout 13.

350 **Piranesi.** Monuments de Rome, objets antiques, 16 p., et monument antique, photog. 17 p.

351 **Portraits.** Célébrités diverses. 40 p.

352 — Louis-Philippe Ier, procédé Collas. Napoléon Ier 2 p. in-fol.

353 **Prévost.** Saint Vincent de Paul, d'après *P. de Laroche.* In-fol., toute marge.

354 **Prevost.** Napolitaine pleurant sur les ruines de sa maison, d'après *Léopold Robert.* Manière noire, grand in-fol. Superbe ép., toute marge.

355 **Raffet** et L. Cogniet. Illustration de l'armée française, lith., par *Llanta* et *Midy*, 21 p. in-fol., dont le titre. Ép. chine et blanc, noir et couleur dans son portefeuille.

356 **Raffet** (D'après), 1793. Costume de représentant du peuple, par *Llanta.* Tirage de 150 ép.

357 **Ransonnette.** Saint Louis en Palestine, d'ap. *Boisselier*, eau-forte pure et terminée. Magnifique ép. d'artiste sur chine. 2 p. grand in-fol., toute marge.

358 **Reynard.** Ornements des anciens maîtres, 220 p., Petit in-fol. dans son portefeuille.

359 **Richomme.** Portrait de Marc-Antoine, d'après *Raphaël.* Superbe ep., toute marge, petit in-fol. sur chine, avec dédicace signée.

360 **Richomme.** Vierge au silence, ép. d'échantillon coupée. Les Noces de Cana, par *Normand*, par *Sellier*, etc. 8 p.

361 **Rollet.** Le Traîneau en Russie, dans un tourbillon de neige, d'après *Horace Vernet.* Manière noire, superbe ép. avant la lettre, grand in-fol., toute marge.

362 **Rubens** (D'après). Sujets religieux, de la galerie du Luxembourg, avec le portrait. 7 p., toute marge.

363 **Rubens** (D'après). Descente de croix. Très grand in-fol. en chromo-lithog.

364 **Saunders.** La Charité, d'après *le Guide.* Manière noire, 22 ép. avant la lettre et 16 avec. 38 p.

365 **Silvestre** (J.). Église et cour du Temple, Pont et Temple de Charenton, Tanlay, Clairevaux, etc., 12 p.

366 **Vallot.** Le Chien du régiment, d'après *Horace Vernet.* Rare ép. d'eau-forte pure, grand in-fol.

367 **Vallot.** Napoléon visitant le champ de bataille d'Eylau, d'après *Gros.* Magnifique ép. avant la lettre (93), toute marge, très grand in-fol.

368 **Weber.** La Cigale et la Fourmi, deux sujets de femmes. 60 ép. dont quelques en couleur.

369 **Vignettes anglaises.** Vues de Hollande et de Belgique, 14 p. in-8.

370 — Vues d'Espagne, in-8. 40 p.

371 — Vues de France, d'Italie, Orient et vignettes, sujets divers. 30 p. in-8.

372 **Vignettes** et titres pour Anacréon, Horace, Virgile. Des doubles, 103 p.

373 — D'après *Johannot* et autres. Eaux-fortes, etc. 423 p. dans un portefeuille.

374 Carnets d'échantillons du magasin, choix de bonnes ép. des premiers tirages, noir et couleur, des planches effacées et encore existantes, seront vendus par cahiers. 13 lots.

375 Carnets d'échantillons, gravures au burin en manière noire, lithog. noir et couleur, photog. du fond et d'assortiment pour les voyageurs, planches effacées et encore existantes, ép. de voyages coupées, seront vendus par lots.

COLLECTION PARTICULIÈRE

De M. LEMAITRE

Choix d'Épreuves de ses publications la plupart avec différences

376 **Allais.** Effie et Jeanie. — La jolie fille de Perth, 2 p., manière noire, d'ap. *Schopin.* Très-belles ép. d'artiste.

377 — Après la prière. — Sainte Thérèse en extase. — Saint Vincent de Paul. — Confiance en Dieu. 4 p. manière noire.

378 **Blanchard.** Pêcheur napolitain. — Pêcheur vénitien, 2 superbes ép. imp. avec ton, d'après *Dom. Papety.*

379 **Bonington** (D'ap.). L'Antiquaire. — Anne Page. — Le Billet doux. — Jeune fille malade. — Méditation. 8 p. manière noire.

380 **Chollet.** La Vierge et l'Enfant Jésus. Superbe ép. avant toute lettre. — Christ au tombeau, par *Lherie.* — Regrets. 3 p. manière noire.

381 **Cornilliet.** Saint Joseph. — Vision de saint François. — Sourire. — Agaceries, 2 états différents. — La Marchande d'œufs. 7 p. manière noire.

382 **Cottin.** Le Christ, d'après *Zurbaran.* Rare et superbe ép. avec retouches au blanc, donnant l'aspect d'un dessin.

383 — Le Printemps. — L'Automne. — Perette. 3 p. manière noire à coins arrondis.

384 — La Fille mal gardée, retour de la messe, ép. avant toute lettre. — Le Départ pour la messe, 2 ép. — L'Amour à la ville. — L'Amour à la campagne. 5 p. manière noire.

385 **Cousin.** La sainte Vierge, reine des Anges, d'après *Murillo.* Superbe ép. sur chine.

386 **Delaroche** (D'après). Cromwel. — Jeanne d'Arc. — Et autres, d'après *Scheffer*, etc., 10 p. manière noire.

387 **Desmadryl.** La Rencontre, superbe ép. avant toute lettre. — L'Épagneul favori. — Le Griffon chéri.— Le bon Ange.— Le Curé de campagne. — La Lecture du roman. 6 p. manière noire.

388 **Deveria** (D'ap.). Sujets de genre, manière noire, et quelques Paysages à l'eau-forte et autres. 07 p.

389 **Deveria** (D'ap.). Les deux Sœurs de charité, 2 p. sur chine sans titre avec cache-lettre, et une ép. avec la lettre. 3 p.

390 **Deveria** (D'ap.). Il est parti. — Pense-t-il à moi. — Elle pense à lui. — Et autres, d'après divers. 10 p. manière noire.

391 **Dien.** Ora pro nobis. Sup. ép. sur chine. — La Vierge sur la terre, par *Girard*. 2 p.

392 **Doney.** Sauveur du monde. — La Vierge au manuscrit. — La Ménagère. — Le Buveur. — La Fille du pêcheur. — Le Garde-Côte, avec différence. 8 p. manière noire.

393 **Franck.** La Vierge du Parmesan et les Bandits, d'après *Van Eycken*. Superbe ép. avant toute lettre sur chine avec dédicace, signée.

394 **Garnier.** Le Présent de Faust, d'après *Scheffer*, avant la lettre. — L'Effroi pendant l'orage. — La Mère convalescente. 3 p. manière noire.

395 **Jazet.** Le Départ. — Le Retour du conscrit, 2 p. avant toute lettre. — Innocence, 2 ép. 4 p. manière noire.

396 **Julien.** Têtes d'études in-fol., d'ap. divers maîtres. Superbe suite de 65 p. Très-belles ép.

397 — **Etudes** académiques d'après nature. 30 p. Très-belles ép.

398 — Fragments. 12 p. in-fol. Superbes ép.

399 **Julien.** Carot, Ducollet, Têtes d'études in-fol. aux deux crayons. 17 p. Superbes ép.

400 **Lecomte.** Marius à Minturnes, ép. d'artiste chine et avec la lettre. — Pierre-le-Grand, par *Migneret*, ép. d'artiste chine et avec la lettre, e autres. 6 p.

401 **Lecomte.** Le Chemin de la croix, d'ap. *Prudhon*, 2 ép. chine. — Sixte-Quint, d'ap. *Schnetz*, sur chine, 3 p.

402 **Lemaître.** Les trois Amis, eau-forte pure, 2 p. et le calque, 3 p.

403 **Leprix.** L'Enfance de Jésus, d'après *Roehn*. Très-rares ép. avec tous les états de la planche jusqu'à terminée avec la lettre chine. 9 p.

404 **Leroy** (Alphonse). Mater Dolorosa, d'ap. *Van Dyck*. Sup. ép. d'artiste sur chine, (6). — La même, avec la lettre sur chine. Très-belle ép. 2 p.

405 **Lithographies.** Sujets de Vierges et Jésus, Immaculée, N. D. de Liesse, Christ en Croix, Ange Gardien et autres. 23 p. avec différences.

406 — Vierge et Jesus, Gloria in excelis Deo, Sainte Famille, Ecce Homo, Christ laboureur et protecteur du travail, etc. 22 p. avec différences, avant et avec la lettre.

407 — Sujets maternels de *Félon*, et Mélodie, Brise et autres, par divers. 20 p.

408 — Sujets d'enfants, Sujets de genre, divers. 24 p.

409. **Lithographies.** Aumônier du régiment, Sœurs de charité, Sujets de curés, etc. 16 p.

410. — Scènes de famille, de mariage, Scènes maternelles. 16 p.

411. — Sujets de genre, la Grâce de Dieu, et autres, 14 p.

412. — Sujets militaires, Portraits de Napoléon et autres. 22 p.

413. — Promenades de Paris, Scènes de fantaisies. 14 p.

414. **Maile.** L'Hospitalité avant la lettre. — L'Horoscope. 2 p. manière noire.

415. — Dame anglaise. — Le Goûter. — Une première impression. — L'Harmonie. — Un Souvenir d'amour. — Le Désir de plaire. 11 p. manière noire.

416. **Overbeck.** Élie. — Élisée, par *Ruscheweyh.* 2 ép. Très-belles en bistre, — 2 autres sur blanc. 4 p.

417. **Rollet.** L'Inquiétude. — L'Effroi, 2 p., d'après *Franquelin.* — Les deux Sœurs? pièce ovale, 3 p. Superbes ép. avant toute lettre, manière noire.

418. **Rudder** (D'après de). Académies aux deux crayons. 12 p. Superbes ép.

419. **Ruhierre.** 1834. L'Attente du bal, d'après *Destouches.* Superbe ép. d'artiste. — La même, avec la lettre. 2 p.

420. **Varin.** Les bontés et douceurs de Jésus-Christ, etc. 10 p.

Classifications diverses

421 **Architecture.** Villa Pia et autres, Vues de Florence, etc., quelques Dessins. En tout 65 p. dans un portefeuille moyen.

422 **Eaux-fortes modernes,** par Charlet, Decamps, Charles Jacques, Meryon, Wattier et autres. 26 p.

423 — Thienon et autres : Vues, Portraits, etc.

424 **Ecoles anciennes.** Callot, Leclerc et autres. 25 p.

425 — Castiglione, Paysages et autres. 25 p.

426 **Graveurs divers.** Vignettes et portraits modernes : Forster, Lorichon, Muller. 25 p.

427 **Manière noire.** Sujets religieux et autres. 10 p.

428 **Nargeot** et autres. Sujets divers, d'après les maîtres. 25 p.

429 Portraits de peintres, in-4, d'après eux-mêmes 25 p.

430 **Religion.** Compositions d'après Owerbeck, Prudhon et autres, tirées de la Bible de Furne, Histoire de Sainte-Marine et la relation manuscrite. Superbes ép. avant et avec la lettre, et avec différences. 44 p.

431 Sujets de Vierges, saintes Familles, d'après les grands maîtres. 25 p.

432 Sujets religieux d'après les grands maîtres. 35 p.

433 — Notre-Dame de Liesse. Dessins, 5. Epreuves d'essais, photographie, documents. En tout 25 p., texte, prières, etc.

434 Compositions d'histoire et de mythologie, d'ap. les grands maîtres. 42 p.

435 Compositions au trait, d'après les grands maîtres anciens et modernes, Sujets religieux et autres. 70 p.

436 **Histoire naturelle** : animaux divers, quadrupèdes, fossiles, anatomie, plantes, par Newton Fielding, Labelle, etc., anciens et modernes. 146 p. dans un portefeuille.

437 — Volcans, Staffa, Islande, Grotte de Fingal, Aurore boréale, Forêt vierge, etc. Mine de plomb, bistre, lavis. 10 p. dessins.

438 — Histoire naturelle : animaux, oiseaux, plantes. 22 p. dessins mine de plomb.

439 — Histoire romaine. 119 épreuves avant la lettre. — Paysages, illustration pour la Bible. 23 p. in-8 et texte. En tout 142 p. dans un portefeuille.

440 **Dictionnaire des Beaux-Arts.** Planches, Statues, Monuments, Vues, Fragments, etc., etc. 108 p., quelques doubles dans un portefeuille.

COLLECTION ARCHÉOLOGIQUE

Par pays, siècle et genre

441. **Univers pittoresque.** Encyclopédie et Dictionnaire des Beaux-Arts, Dessins, Epreuves, Brochures et Manuscrits pour documents ayant servi pour la publication des ouvrages. Environ 400 ép. et dessins dans quatre petits portefeuilles.

442 — Encyclopédie moderne. Epreuves et Dessins, environ 320. Texte et documents, arts industriels, Beaux-arts, Science, Histoire naturelle, dans trois petits portefeuilles.

443. — Amérique, 140—Asie-Chine, 151—Inde, 123. — Asie-Afrique, 106. — Océanie, 141. — Monuments, Vues, etc. 660 p. dans cinq portefeuilles moyens.

444 — Géographie, Cartes d'Europe, Asie, Afrique, Amérique. 84 dessins et ép.

445 — Voyage de la mer Morte, par *De Saulcy.* 75 p. et texte in-4 dans un portefeuille et un volume in-8.

446 — Europe, Angleterre, Belgique, Danemark, 76. — Grèce, Italie, 167, — Pologne, Russie, 109. — Suisse, Turquie, 126. — France, Notre-Dame de Liesse, 16. — Allemagne, Prusse 150. — Iconographie. 123 portraits, comprenant monuments. brochures, manuscrits et documents très-curieux. 767 p. dans sept petits portefeuilles.

Dans cette série de collection, le grand nombre des charmants dessins sont par *Arnout*, *Gauchevel*, *Gibert*, *L. Tienon*, *Charles Vernier*, etc.

447 DESSINS. Vues, Volcans d'Auvergne, Saut du Doubs, Gavarni, Perte du Rhône, Algérie. 10 charmantes aquarelles mine de plomb, bistre.

448 **Celtes**, Gaulois, Monuments druidiques, Vues. Objets d'antiquités, Fragments, etc. 55 dessins originaux, aquarelles, bistre, mine de plomb, pour divers ouvrages de science.

449 — 58 épreuves tirées des divers ouvrages scientifiques.

450 **Phéniciens**. Pélages, Etrusques. Vases, Objets d'antiquité, Monuments. 53 dessins, lavis, bistre, mine de plomb, par Berty. Leveil, etc.

451 — Eprenves tirées de divers ouvrages. 67 p.

452 **Afrique**. Anciens peuples, Égyptiens, reproduction de monuments, sculpture, bas-reliefs, hiéroglyphes, ruines, détails d'architecture, dessins et épreuves. 180 feuilles, grand nombre avec plusieurs motifs, dans un portefeuille.

453 — Égypte moderne, région du Nil, Vues, Monuments, Architecture, Costumes, Portraits. Environ 210 p. dans un portefeuille.

454 — Algérie, Maroc, Vues, Costumes, Scènes, Monuments. 145 pièces.

455 — Égypte, Peuples anciens et modernes, Vues, Architecture, Costumes, Ile Sainte-Hélène. 190 charmants dessins au bistre et crayon mine de plomb dans un portefeuille.

456 **Asie.** Anciens peuples, Indiens, Dessins et épreuves, Monuments, Sculpture, etc. 79 p. dans un portefeuille.

457 — Anciens peuples, Vues, Monuments, Sculpture. 120 p. dessins et épreuves dans un portefeuille.

458 — Inde, Afghanistan, Vues, Monuments, Costumes, Scènes, Portraits, Combats, etc. 41 dessins aquarelles, bistre, mine de plomb, et 106 épreuves; en tout 147 p. dans un portefeuille.

459 — Centrale, Perse, Vues d'Ispahan, Monuments, Sculpture, Costumes, Scènes, Mœurs, Ustensiles. 135 charmants dessins sépia et mine de plomb, et 78 épreuves. En tout 213 p. dans un portefeuille.

460 — Mineure, Arménie, Japon, Vues, Monuments, Costumes. 110 épreuves dans un portefeuille.

461 — Mineure. Arménie, Japon, etc., Vues, Monuments, Scènes de mœurs, Costumes, Danses, Scènes religieuses, Portraits, etc. 186 charmants dessins bistre et mine de plomb dans un portefeuille.

462 — Chine, Vues, Sujets, Costumes, Cavaliers, Voitures, Chars, Barques, Monuments, Ponts, etc. 96 dessins bistre, mine de plomb et 90 ép. En tout 186 p. dans un portefeuille.

463 — Syrie, Jérusalem, Vues, Mosquées, Architecture, Costumes, Médailles, Ustensiles, Monuments, Ruines, Cartes, etc. 188 p. dans un portefeuille.

464 — Judée. 77 dessins bistre et mine de plomb dans un portefeuille.

465 **Amérique**. Région circumpolaire, Canada, États-Unis, Mexique, Guatémala, Yucatan, Vues, Monuments, Scènes, Mœurs, Costumes, Portraits. 226 épreuves dans un portefeuille,

466 — Pérou, Bolivie, Brésil, Chili, Patagonie, Antilles. 192 p. dans un portefeuille.

467 — du Nord, Mexique, Guatémala, Yucatan, Astèques, Portraits, etc. 107 dessins.

468 — Circumpolaire, États-Unis, Pérou, Bolivie, Brésil, Chili, Portraits de Colomb, Costumes, Vues, Mœurs, Scènes diverses. 84 charmants dessins de Vernier et autres.

469 **Océanie**. Malaisie, Polynésie, Australie, Vues, Scènes, Mœurs, Usages, Ustensiles, Costumes, Portraits de sauvages, Animaux, etc. 265 p. dans un portefeuille.

470 **Arabie**. Arabes, Vues, Monuments, Intérieurs, Alhambra et autres, Costumes, Scènes, Ustensiles, etc. 320 p. dans deux portefeuilles.

471 — Dessins au bistre et mine de plomb, par *Vernier* et autres. 82 p. dans un portefeuille.

472 **Période romaine**. Asie, Afrique, Monuments, Architecture, etc. 133 p. dans un portefeuille.

473 — Europe, Architecture, Monuments, Vues, Sculpture, Ruines, etc. 123 pièces dont quelques dessins dans un portefeuille.

474 **Romains**. Iconographie, Monuments civils et religieux, Palais, Théâtres, Maisons, Meubles, Monuments militaires, funèbres, Tombeaux. etc. Environ 400 p. en deux portefeuilles.

475 — Charmants dessins de Louis *Thienon*, *Leveil*, *Gaucherel*. Aquarelles, bistre, mine de plomb. Médailles, etc. 216 p. dans deux portefeuilles.

476 **Grèce**. Statues, Bas-reliefs, Vues, Monuments, Ruines, Temples, Théâtre, Architecture militaire. 282 p. dans deux portefeuilles.

477 — Monuments funèbres. Tombeaux. 50 ép. et 50 dessins bistre, mine de plomb, Calques, etc. En tout 100 p. dans un portefeuille.

478 **Turquie**. Constantinople, Palais, Mosquées, Portraits de sultans, Costumes par Lalaisse, Scènes de mœurs, Réception, Vues intérieures. 90 dessins bistre, mine de plomb. 82 épreuves. En tout 172 p.

479 **Allemagne**, depuis la plus haute antiquité jusqu'à nos jours. Portraits, Vues, Églises, Ruines, Médailles, Costumes, Chevaliers, Fêtes, Cérémonies, etc. 148 dessins bistre, mine de plomb dans un portefeuille.

480 **Premiers chrétiens**. Constantin, de 311 à 324. Antiquités diverses. 50 dessins bistre et mine de plomb dans un portefeuille.

481 — Antiquités, Monuments, etc. 240 épreuves dans un portefeuille.

482 — Monuments byzantins, Mérovingiens, Carlovingiens, Peinture, Sculpture, Médailles, Meu-

bles, Armes, Portraits. 85 dessins de *Berty* et autres, en bistre et mine de plomb dans un portefeuille.

483 **EUROPE. Angleterre**, Écosse, Irlande, Vues, Monuments, Médailles, Costumes, Usages, etc. 19 dessins bistre, mine de plomb, Vignettes anglaises et françaises, Vues des monuments de Londres et autres, Staffa, etc. 109 épreuves. En tout 128 p. dans un portefeuille.

484 = **Pays-Bas**: Belgique, Hollande, Médailles, Vues, Monuments. 8 dessins bistre et mine de plomb, 52 vues et portraits, épreuves avant la lettre.

485 = **Danemark**. Portrait de Canut, Costumes, Corne au Musée, Vues de Copenhague au XVIIe siècle, Église, Châteaux, Tombeaux des rois. 18 dessins bistre et mine de plomb et 45 épreuves avant la lettre de l'Univers pittoresque et autres vues du pays. En tout 63 p.

486 = **Suède, Norwége**. Glacier de Justedaleu. Aquarelle de *Louis Thienon*, Portrait de Bernadotte, Chute du Rjukanfos, de *Charles Vernier*, mine de plomb, Vuesde Christiana au XVIIe siècle, Bergers, Maison de Gustave et autres. 27 dessins et 46 épreuves. 73 p.

487 = **France**. Vues de Monuments, Cathédrales, Châteaux, Costumes, Algérie, Gérard, (chasseur de lions), en pied. 72 dessins de Gaucherel, etc., au bistre et autres dans un portefeuille.

488 — Vues, Monuments, etc. Épreuves tirées de diverses collections. 144 p. dans un portefeuille.

489 = **Corse.** Carte, Vues, Dessins et Gravures. 6 p.

490 = **Paris.** Antiquités, Sainte-Geneviève en 1180, Saint-Germain-des-Prés, Notre-Dame, Saint-Germain-l'Auxerrois, Sainte-Chapelle, Temple, Cluny, Palais, Panthéon, Louvre, Arc-de-Triomphe, Tuileries, Tombeaux. 41 dessins et 20 croquis. 61 p. dans un portefeuille.

491 — Plans, Vues gravées, lithog. et photograph. 160 p. dans un portefeuille.

492 = **Espagne, Portugal.** Vues, Monuments, Costumes, dont 18 par *Dauzats*, Portraits et Scènes historiques. 59 dessins de Gibert et autres Aquarelles, bistre, mine de plomb. 190 épreuves : Vues, Mœurs et Costumes, Courses de taureaux. Ep. sur chine avant la lettre, etc., tirées de divers ouvrages. 249 p. en deux portefeuilles.

493 = **Italie.** Sicile. 32 dessins de *Ch. Fichot*, *Louis Thienon* et autres. Au bistre et mine de Plomb. Vues, Monuments, ruines. Cartes, Venise, etc. 124 ép. En tout, 156 p. dans un portefeuille.

494 = **Grèce.** Montenegro, 26 dessins. Costumes, Mœurs, Vues, etc. Mine de plomb. 72 vues et autres avant et avec la lettre. En tout 98 p. dans un portefeuille.

495 — Iles de la Grèce, Malte, Sardaigne. 73 charmants dessins, aquarelles, bistre, mine de plomb. Vues, Portraits, Costumes, Ustensiles, Ruines, Histoire naturelle. 63 épreuves. En tout 136 p. dans un portefeuille.

496 = **Autriche**. Hongrie, Confédération suisse, etc., Tyrol. 12 p. à l'eau-forte, par *Mercey*. 24 dessins, aquarelles, bistre, mine de plomb. 53 épreuves. Vues de villes, Costumes, Monuments. En tout 77 p. dans un portefeuille.

497 = Confédération germanique, Prusse, Vues de ville, Monuments, Costumes, etc. 2 dessins et 111 épreuves. En tout 113 p.

498 = **Pologne**. 52 charmants Dessins, Costumes, Portraits, Églises extérieures et intérieures, Vues de Cracovie, Varsovie, Châteaux, etc. 80 épreuv. En tout 132 p. dans un portefeuille.

499 **Russie**. Sibérie, Crimée. 46 p. dont 11 dessins dans un portefeuille.

500 — Portraits, Costumes, Vues de ville, Monuments, etc. 63 dessins par *Arnout* et autres, bistre et mine de plomb.

501 — Vues et Monuments, etc., etc. 90 épreuves.

502 **IXe siècle**. Carlovingiens, Empire d'Occident, Démembrement de l'Empire, Pièces tirées de Villemain en couleur et d'autres collections. Armes, Costumes, Tombeaux, représentation de miniatures, de manuscrits, architecture, ornements, etc. 100 p. dans un portefeuille.

503 **X, XI, XIIe siècle.** Iconographie, Monuments religieux, Portraits, Médailles, Architecture, Époque des croisades, Costumes, Vues, Détails, etc. 12 dessins et calques. Pièces tirées de Villemain, de Gailhabaud, et autres ouvrages. 450 p. en trois portefeuilles.

504 **XIII, XIV, XVe** siècle. Iconographie, Sceaux, Vitraux tirés de Villemain et autres ouvrages. 110 p. dans un portefeuille.

505 — Monuments civils, Mœurs et coutumes, Costumes, etc. 120 p. dans un portefeuille.

506 — Monuments, Vues de ville en France et à l'étranger. 200 p. dans un portefeuille.

507 — Monuments religieux, Cathédrales, la Croix à Dieppe, par *H. Vernet*. 158 p. dans un portefeuille.

508 — Monuments religieux, Cathédrales de Chartres, Amiens, Reims, Troyes et autres. 195 p. dans un portefeuille.

509 — Monuments militaires, funéraires, Combat de chevaliers, par *H. Vernet* et autres pièces tirées de divers ouvrages. 148 p. dans un porte-feuille.

510 **XVIe siècle.** Iconographie, Portraits, Costumes. 108 p. dans un portefeuille.

511 — Monuments religieux, etc. 100 p. dans un portefeuille.

512 — Monuments privés, civils, etc. 126 p. dans un portefeuille.

513 — Monuments militaires, funéraires, Mœurs, Coutumes, etc. Environ 100 p. dans un portefeuille.

514 **XVIIe siècle.** Portraits, Costumes, Monuments, etc. 117 p. dans un portefeuille.

515 **XVII-XVIIIe siècle.** Portraits, Pièces historiques, Grilles et Meubles, par *Le Pautre*. 170 p. dans un portefeuille.

516 **XIXe siècle.** Révolution, Louis XVI à Napoléon Ier. Portraits, Costumes, d'ap. *Raffet*, et autres pièces. 110 p. dans un portefeuille.

517 — Restauration, Louis-Philippe à Napoléon III. Portraits, Célébrités de ces époques, Monuments, etc. 112 p. dans un portefeuille.

518 — Industrie, Meubles, Mécanique, Essais d'électrotypie, gravure, etc. 115 p. dans un portefeuille.

519 **XIe au XIXe siècle.** Antiquités, Sceaux, Monnaies, Médailles, Statues. 46 dessins in-8 mine de plomb, par *Gaucherel*, *Muret*, *Vernier*.

520 — Scènes historiques, Tournois, Cérémonies, Chasses, Camp du drap d'or, Entrées triomphales, etc. 51 dessins in-8 à la mine de plomb, par *Sellier* et *Vernier*.

521 — Meubles, Ustensiles, Armes, Armures, Vaisseaux, Costumes militaires, Chevaliers, etc. 50 dessins in-8 à la mine de plomb, bistre, par *Breton*, *Gaucherel*, *Sansonetti*, *Vernier*, etc.

522 — Portraits, Costumes en pied de célébrités. 45 dessins in-8 à la mine de plomb, par *Vernier*.

523 — Portraits de célébrités en buste. 40 dessins in-8 à la mine de plomb, par *Vernier*.

524 — Paris, Tombeau d'Héloïse et Abeilard, le Louvre au XIVe siècle, Tuileries, Hôtel-de-Ville, Extérieur et Intérieur de Saint-Etienne-du-Mont, Institut, Hôtel de Sens, etc. 21 dessins in-8 au bistre et à l'encre de Chine.

525 — Chartres, Cathédrale, (extérieur,) Détails, Statues, etc. 14 dessins bistre et mine de plomb.

526 — Metz, Reims, Strasbourg, Thann, Cathédrales et Eglises. 10 dessins in-8 bistre et mine de plomb.

527 — Normandie, Bayeux, Caen 5, Coutances 4, Évreux, Château-Gaillard, Rouen 8. En tout 24 dessins in-8 dont 3 croquis. Cathédrales à l'aquarelle, bistre, mine de plomb.

528 — Fontainebleau. Appartement de Mme de Maintenon. Charmant dessin au bistre in-8, marge in-4 sur bristol.

529 — France, Cathédrales, Églises, Calvaire, Tombeaux. 60 dessins in-8, bistre et mine de plomb.

530 — France. Châteaux de Blois, Pierrefonds, Portes, Maisons, etc. 35 dessins in-8 au bistre et mine de plomb.

531 — France. Hôtels-de-Ville, Fontaine, Tours, Ponts, etc. 20 dessins in-8, au bistre et mine de plomb, par *Breton* et autres.

532 — Angleterre. Églises, Tombeaux, etc. 30 dessins in-8 au bistre et mine de plomb.

533 — Angleterre, Châteaux, Tours, Portes Maisons, etc. 35 dessins in-8, au bistre et mine de plomb.

534 — Londres. Église Saint-Paul et autres, différents ponts, etc. 20 dessins in-8, au bistre et mine de plomb. par *Gibert* et autres.

535 — La Tour de Londres, la Banque, la Bourse, Châteaux et autres Monuments de la ville. 35 dessins in-8, mine de plomb et bistre, par *Gaucherel, Vernier.*

536 — Belgique, Anvers, Bruxelles, etc., 18. — Hollande 10 — Autriche — Allemagne. En tout 51 dessins bistre et mine de plomb, in-8.

537 — Espagne, Italie, Monuments religieux, Tombeaux et autres. 24 dessins in-8, bistre et mine de plomb.

538 **Phéniciens**, Phrygiens, Lyciens, Pelasges, Étrusques, Monuments druidiques, Gaulois, Antiquités, gravés et lithographiés, tirés de divers ouvrages. 149 p. dans un portefeuille in-fol.

539 **Premiers Chrétiens**. Byzantins, Carlovingiens, Monuments, Antiquités, Divers. 108 p. dans un portefeuille in-fol.

540 **Romains**. Monuments, Sculpture, Détails d'architecture, tirés des plus beaux ouvrages. 157 p. portefeuille n° 1, et 108 p. portefeuille n° 2, in-fol.

541 **Grecs**. Monuments, Sculpture, Détails d'architecture, Antiquités, tirés des plus beaux ouvrages. 147 p. portefeuille n° 1, et 136 p. portefeuille n° 2, in-fol.

542 **Arabes**. Monuments, Sculpture, Ornements en couleur, Détails d'architecture, Alhambra et autres en Espagne. 150 p. dans un portefeuille in-fol.

543 **Indiens**, Babyloniens, Assyriens. 46 p. antiquités dans un portefeuille in-fol.

544 **Perses**. Antiquités diverses. 100 p. in-fol. dans un portefeuille.

545. **Égyptiens**. Antiquités, 10 p. in-fol, dans un portefeuille.

546. **Asie**. Afrique, Amérique, Antiquités, Vues Monuments et Costumes. etc. 68 p. in-fol. dans un portefeuille.

547. **Europe**. Cartes, Vues, Dessins, Gravures et lithog., Sujets divers. 40 p. dans un portefeuille in-fol.

548 **XI, XIIe siècle**. Monuments religieux. 93 p. in-fol., portefeuille n° 1.

549 — Monuments religieux divers. 124 p. in-fol., portefeuille n° 2.

550 — Cathédrales de Bocherville, Caen, etc. 132 p. in-fol., portefeuille n° 3.

551 — Monuments religieux. 104 p. in-fol., portefeuille n° 4.

552 — Différents Monuments religieux. 75 p. in-fol., portefeuille n° 5.

553 **Topographie**. A. B. Vues, Cathédrales d'Alençon, Amiens, Autun, reste d'un théâtre romain. Dessin à l'encre de Chine par *Ginain*, croquis par *Dauzats*. Cathédrales de Bayeux Beaune, lithog., la plupart ép. avant la lettre et gravées, tirées des ouvrages les plus importants. 72 p. dans un portefeuille in-fol.

554 — C. Châteaux de Grignan et autres gravés et lithog. par *Ciceri* et autres, la plupart avant la lettre. 108 p. dans un portefeuille in-fol.

555 — Cathédrales de Caen. 58 p. dont 14 dessinsde *Cambon*. — Châlons, 38 p. En tout, 96 p. gravées et lithog. dans un portefeuille in-fol.

556 — D. Vues du Dauphiné, Dijon. Lithog. d'Harding, Gravures et Photographies, Croquis, Charles Audax, duc de Bourgogne. Dessin crayon noir par *Bissey*. 137 p. dans un portefeuille in-fol.

557 — E.M. Évreux, Meaux, Mont Saint-Michel, le Havre. Dessins de *Cambon*, gravures, lithog., photog. 116 p. in-fol. dans un portefeuille.

558 — N. R. Plan de Nancy, Narbonne, Paris, Pierrefonds. Dessins et lithog. Rouen 6, Saint-Lô, Strasbourg, Valogne, Vire, Soissons. 79 p. in-fol. dans un portefeuille.

559 **Paris**. Architecture, Monuments, Détails, Tombeaux, noir et couleur, Ferrures, etc. 170 p. in-fol. dans un portefeuille.

560 **Reims**. Dessins, Photographies, Gravures et Lithographies, Monuments religieux et autres. 162 p. in-fol. dans un portefeuille.

561 **L'Ornemaniste** : Le Pautre, Salembier, etc. 12 p. très-belles.

562 — Réunion d'ornements, publications modernes in-fol. Très-belles ép. 82 p. dans un portefeuille.

563 **Iconographie** : 1° XIII, XIV, XVe siècle. Monuments religieux, Amiens, Chartres, Dijon, Meaux, Reims, Cathédrales, etc. 160 p. in-fol. dans un portefeuille.

564 — 2° Bayeux, Coutances, Saint-Lô, Dijon, Rouen, Saint-Ouen, Évreux, Senlis, Saint-Ricquier, etc. 153 p. in-fol. dans un portefeuille.

565 — 3° Châlons, Troyes et autres, grav. et lithog. par *Ciceri*, *Dauzats*, etc. 173 p. in-fol. dans un portefeuille.

566 — 4° Abbayes, Cloîtres, Détails divers, Calvaire, Carrelage, Mosaïques en couleur, gravés, lithog. et photog. 120 p. in-fol. dans un portefeuille.

567 — 5° Monuments civils, Meubles, Horloges monumentales, Tours, Beffroi, Rouen et autres. 95 p. in-fol. dans un portefeuille.

568 — 6° Monuments militaires, Pierrefonds, Arques, Donjons, Portes, Fortifications. 164 p. in-fol. dans un portefeuille.

569 — 7° Monuments funéraires, Pierres tombales, Photog., gravures et lithog. 33 p. in-fol. dans un porteteuille.

570 — XVIe siècle. Monuments religieux, Hôtel Bourgteroude et autres. 136 p, in-fol. dans un portefeuille.

571 — Monuments civils, Palais, Fontaines, Château de Gaillon. 119 p. in-fol. daus un portefeuille.

572 — Monuments civils, Détails, Meubles, Monuments militaires. Armes, Tombeaux. 75 p. in-fol. dans un portefeuille.

573 — Châteaux, Manoirs, Hôtels, Maisons. etc. 125 p. in-fol. dans un portefeuille.

574 — XVII-XVIIIe siècle. Règne de Louis XIII, Louis XIV, XV, XVI, Monuments, Costumes d'*Ab. Bosse*, Ornements de *Lepautre*, etc. 58 p. dans un portefeuille in-fol.

575 — XIXe. (1789). Révolution, Empire, Costumes d'ap. *Raffet*, Louis-Philippe, Napoléon III, Portraits et pièces historiques. 49 p. in-fol. dans un portefeuille.

576 — Portraits de célébrités, par *Dien* et autres. 10 p.

577 — Portraits d'actrices : Mars, Rachel et autres, par Grevedon. 8 p.

ESTAMPES ET DESSINS ENCADRÉS

578 **Cadres.** Passage du gué, par Boissieu, le Père Lachaise, de *J. Pie*, et autres. Estampes anglaises. 4 cadres dorés.

579 Le Gué, par *Laroche*, d'après *Troyon* ; le Valet de Limiers, 2 lithog. de la collection Moreau. Cadres dorés.

580 Assomption, Ange gardien, sainte Famille, d'ap. *Raphaël*. 3 cadres sapin.

581 **Bervic.** Enlèvement de Dejanire, d'ap. *Le Guide*. — Éducation d'Achille, d'ap. *Regnault*. 2 très-belles ép., cadres dorés.

582 **Bettannier.** La Mariée, la jeune Mère et autres pendants. 4 cadres sapin.

583 **Colette.** Sainte Famille, d'après *Raphaël*; Ecce homo, par *Texier*. 2 cadres sapin.

584 **Cooke.** Vue des démolitions du vieux pont de Londres et construction du nouveau pont. Gravures artistiques. 5 cadres dorés et en bois.

585 **Cornilliet.** Les trois Amis, d'ap. *Mayre*. Cadre sapin.

586 **Dien.** Ora pro nobis, Vierge et Jésus, d'ap. *Carrache*. Cadre sapin.

587 **Eichens.** Sortie de l'Église, Offrande à la Vierge, Demande en mariage, Inquiétude et Indifférence. 4 cadres sapin.

588 **Felon.** Souffle de Zéphir, Mélodie du soir, Regrets, par *Pichard*. 3 cadres sapin.

589 **Forster.** L'Aurore et Céphale. — Venise, par *Guesnu*. 2 cadres dorés.

590 **François.** Pic de la Mirandole, Éducation maternelle, d'ap. *Delaroche*. Cadre doré.

591 **Garnier.** Vierge aux Balances, d'ap. *Léonard de Vinci*, lettre grise sur chine. Cadre doré.

592 **Girard.** Adoration des Mages. — Couronnement d'épines, 2 manières noires. Cadres sapin.

593 **Johannot** (Tony). Vignettes à l'eau-forte. 3 superbes ép., toute marge, dans un cadre.

574 **Jouvenat** (D'ap.). Descente de croix, lithog. en noir et en couleur. 2 cadres sapin.

595 **Laugier.** Ravissement de saint Paul, d'ap. *Poussin*. Cadre de Palissandre.

596 **Lemaître**. Vues et Monuments pour l'Exposition. Dans un cadre doré à quatre compartiments.

597 — Monuments antiques, Compiègne, Tombeaux. 3 cadres dorés de l'Exposition à trois compartiments.

598 — Le Singe et le Thésauriseur, d'ap. *Johannot*, et Paysages, 3 p. Cadre doré.

599 — Bijoux étrusques. — Statues. 2 cadres dorés.

600 **Lithographies**. Aube du jour. — Brise du soir. — Flore. — Pomone, noir et couleur. 7 cadres dorés.

601 — Sujets de Vierges et Jésus. 5 cadres dorés.

602 — Lecture de famille, d'ap. *Greuze*, Sœur de charité, Bouquet de fleurs, chromo. 3 cadres dorés.

603 — La Caresse, l'Égratignure, d'ap. *Prudhon* ; la Paix du Ménage, d'ap. *Greuze* ; Cromwel, d'ap. *Delaroche*, etc. 7 cadres dorés.

604 **Lorichon**. Ecce Homo, avant la lettre chine. Cadre doré.

605 **Muller**. Henri IV, dans un entourage orné, d'ap. *Gérard* et *Percier*. Ép. sur chine, Cadre dore.

606 **Pelée**. Le Président Duranti, d'ap. *P. de Laroche*. Cadre doré.

607 **Photographies**. Napoléon visitant les pestiférés de Jaffa, 3. — Visitant le champ de bataille d'Eylau, 6. En tout 9 cadres dorés.

608 — Mort de saint Pierre de Vérone et de saint François Xavier. 14 cadres dorés.

609 **Photographies.** Mort de Malfilâtre.— L'Aube du jour, 2.— La Brise du soir, 3, d'ap. *Félon.* 6 cadres dorés.

610 — L'Ange dort, la Mère veille. 4 cadres dorés.

611 — Sujets de l'ancien et du nouveau Testament, cintrés. 5 cadres dorés.

612 **Rousselet.** Saint Michel, d'après *Raphaël.* — *Cars,* Iris au bain, d'ap. *Lemoine.* 2 cadres dorés.

613 **Rubens** (D'ap.). Éducation de la Vierge, manière noire. Cadre doré.

614 **Scott.** Breaking Cover. — Death of the fox, 2 sujets de chasse, d'ap. *Reinagle.* 2 cadres dorés.

615 **Texier.** Ecce Homo. — Mater Dei, 2 lithog. Cadres en palissandre.

616 — Mort de saint François Xavier. — Mort de saint Pierre de Vérone, 2 lithog. Cadres sapin.

617 **Vidal** (D'ap.). Eva, lithog. avec ton, par *Desmaison*; cadre doré. — Tête de Nubien, cadre de bois. 2 cadres.

618 **Woollett.** Niobé. — Édifices romains en ruines, d'ap. *Claude Lorrain.* 2 cadres dorés.

619 Nombre de cadres dorés et passe-partout.

DESSINS

620 ANONYME. Fantazia arabe, avec un très-grand nombre de figures, mine de plomb sur calque, pouvant faire pendant à la Smala d'Abd-el-Kader.

621 — Intérieur d'église pendant la messe, aquarelle, crayon mine de plomb. 2 différentes compositions sous verres.

622 CATENACCI (Hercule). Entourages d'ornements, carrés, ovales, entiers par moitié et par quart. 9 charmants dessins à la mine de plomb.

623 CICERI (Eug.). Paysage, bord de l'eau, crayons noir et blanc, papier bleu. Cadre doré.

624 DAUZATS. Aquarelles de pays rocheux, montagneux et déserts. 3 p. venant de sa vente.

625 GROBON (Eug.). 1854. Grappe de raisin. — Feuille de choux. 2 superbes dessins, crayon noir, sur papier bleu.

626 GUÉ (Oscar). Les trois Amis. Dessin mine de plomb sous verre.

627 LAFON. Instruction, croquis à l'encre. — La Prière, très-jolie aquarelle. 2 sujets maternels, in-fol.

628 — Le Cadeau de noces. — Le Retour de chasse, par *Martin*. 2 aquarelles in-fol., très-jolies.

629 LEGER. Vues et paysages de petit format, aquarelles et bistre, et 3 vues de Grèce. 10 p.

630 LEMAITRE. 2 Dessins à l'encre de chine, études de lavis, boule, cônes, etc. 2 cadres dorés.

631 OUVRIÉ (Justin). Vue d'un village italien avec église. Charmante aquarelle avec dédicace à M. Lemaître.

632 PARIS. Vue de l'Obélisque de Sixte V, à Rome, aquarelle.

633 SEBRON. Vue d'intérieur d'église, avec célébration de la messe et autres. 2 dessins au bistre.

634 SIGNOL. Christ protecteur du travail. Beau dessin à la mine de plomb.

635 SIGNOL. Christ protecteur du travail. — Christ laboureur. 2 dessins au crayon noir, sous verres.

636 — Flore soutenue par deux Zéphirs. Charmant dessin crayon noir sous verre, non publié.

637 — Flore. — Pomone. 2 charmants dessins au crayon noir, sous verres.

638 TAYLOR. Intérieurs de monuments religieux avec tombeaux. 2 dessins au bistre.

639 VERNIER (Ch.). L'Aumônier du régiment. — La Sœur de charité. 2 compositions au crayon, rélevées de couleur.

640 — Promenades de Paris, jardin des Tuileries. 2 compositions. — Champs-Elysées. 2 compositions. — Palais de l'Industrie. — Le Bois de Boulogne. 6 dessins croquis, bistre et encre de Chine.

641 — Sœur de charité, Zouaves et Highlanders en Crimée. 4 compositions in-4. Légères aquarelles.

642 **Vernier**. Le Savoir-vivre de l'enfance. 6 compositions dont 2 sont doubles et le portrait de Napoléon III. 7 p. croquis au crayon et aquarelle.

643 — Les Bals de Paris, Asnières, Château des Fleurs, Closerie des Lilas, Bal Constant, 2 compositions. Mabille, Opéra, Valentino, Salon de la Victoire. 9 dessins au crayon, relevés de couleur.

644 DIVERS. Vues de la digue de Bougival, la charité, Aquarelles de peintures à fresques, croquis divers, portraits, etc. 23 p.

LIVRES ET OUVRAGES A FIGURES

645 **Allier** (Achille). L'ancien Bourbonnais, gravé et lithog. sous la direction de *Chenavard*. 2 vol. in-fol. de texte et 1 vol. grand in-fol. de planches, 3 vol. demi-rel. dos et coins maroquin violet.

646 Annales archéologiques, par *Didron*, tome XVI en 3 cahiers. — Projet de prison cellulaire. — Vues d'Italie et autres.

647 Annales de la Société libre des beaux-arts. 8 vol. in-8, avec figures, demi-rel. veau vert et 10 brochures et volumes brochés.

648 Archives de la Commission des monuments historiques. 11 planches et texte in-fol.

649 Archives de la Commission des monuments historiques. 202 p. noir, chromo et texte in-fol. en 3 portefeuilles.

650 Atlas de Lesage, d'Ansart, et de Géographie ancienne, pour les œuvres de Rollin. 2 vol. in-fol., demi-rel., et 1 vol. in-4 carton.

651 **Bartlett.** Vues de Hollande et Belgique, beau vol. in-8. Vignettes anglaises et texte in-8, maroq. violet, fers à froid sur les plats, tranche dorée.

652 **Berty.** Renaissance monumentale en France, de Charles VIII à Louis XIV, avec le château de Bussy Rabutin de Sauvageot. 110 pl. in-4 dans son portefeuille.

653 **Berzelius.** Traité de chimie. 8 vol. in-8, fig. Paris, Didot, 1829-33. Veau violet.

654 **Blouet.** Restauration des Termes d'Antonin, Caracalla, à Rome. Texte et planches in-fol., 1828, carton.

655 **Blouet** (Abel). Expédition de Morée, 3 vol. Texte et planches noir et coloriées, grand in-fol., carton.

656 **Bouchet** (Jules). Compositions antiques, 2ᵉ édit., album in-4, dos toile.

657 **Breton** (Ernest). Introduction de l'Histoire de France, planches lithog. et texte in-fol. Paris, Didot, 1838, demi-rel. v. fauve.

658 **Burnet.** Notion pratique sur la peinture, en trois parties, le portrait de l'auteur, nombre de planches en couleur. Paris, 1835, in-4, toile.

659 **Cantu.** Histoire universelle, 4 vol. in-8 brochés, 1843 à 1844, non coupés.

660. **Castellan.** Lettres sur la Morée, Constantinople, avec planches à l'eau-forte par l'auteur, 3 vol. Paris, 1820, in-8 brochés.

661 **Caumont** (De). Histoire sommaire de l'architecture au moyen-âge, 1 vol. in-8, et album de pl. demi-rel. v. bleu. — Deleschamp. Traité de la gravure, in-8, demi-rel. v. vert, 3 vol.

662 Choix de modèles d'architecture et d'ornementation d'après les monuments, depuis les temps anciens jusqu'à nos jours. 45 planches dans son portefeuille.

663 **Clarac** (De). Musée de sculpture antique et moderne. 881 planches dans six portefeuilles, 17 livraisons, texte.

664 — Mélanges d'antiquités. — Description du musée des antiques. — Manuel de l'histoire de l'art, 3 vol. in-2. En tout 5 vol. brochés.

665 **Delaistre.** Cours méthodique de dessin, 2 vol. in-8 de texte et atlas petit in-fol. de planches, brochés.

666 **Dezobry.** Rome au siége d'Auguste. Nouvelle édition, 4 vol. in-8, texte broché, 1846.

667 Rome au siecle d'Auguste, Maison de Marc Pol, à Venise. 70 p. essais et doubles.

668 Dictionnaire de l'Académie des beaux-arts, 2 vol. très-grand in-8, demi-rel. maroq. vert, toile, doré en tête, et 1re liv. du tome III, brochée.

669 Dictionnaire de l'Académie française, 2 vol. 1835, demi-rel. veau fauve. Complément, 1844, relié en basane, 3 vol. in-4.

670 Dictionnaire de Boiste, in-4, basane. Dict. de la Marine, par Willaumez, demi-rel., fig., in-8.

671 Dictionnaire d'architecture. Épreuves des 1er, 2e et 3e vol. 86 p.

672 **Didot** (Amb. Firmin). Essai sur l'Histoire de la gravure sur bois.—Essai sur la Typographie. — Notice sur Anacréon. — Rapport à l'Exposition 1851, 4 vol. in-8, brochés, *ex-dono*.

673 **Dulaure**. Histoire de Paris, 7 vol.— Révolution française, 5-6 vol. En tout 12 vol. Paris, 1823. Portrait, demi-rel. veau chamois. In-8.

674 **Duployé**. Notre-Dame de Liesse, légende et pèlerinage, 2 vol. in-8, avec figures, brochés, et 6 petits vol. relatifs aux neuvaines.

675 Eaux minérales, Vues de Vichy, etc., gravées et lithographiées. 55 p.

676 **Gagarine** (D'ap. le prince). Le Caucase pittoresque, avec texte, par le comte *E. Stockelberg*. 41 p. in-fol. dans son portefeuille.

677 **Gailhabaud**. Revue archéologique, 1re année. 2 à 12.— 2e année, 12 liv.; en tout 23 livraisons, figures in-8, brochées.

678 **Gailhabaud**. Monuments anciens et modernes, 4 tomes en 1 vol. *Texte* in-4, 1844, demi-rel. maroq. vert. — L'Architecture du ve au XVIIe siècle, 4 tomes en 1 vol. *Texte* in-4, 1858, demi-rel. maroq. vert. — Architecture

civile et domestique au moyen-âge et Renaissance, par Verdier et Cattois. Paris, Didron, 1 vol. *Texte* in-4, 1855, demi-rel. maroq. vert.

679 **Galerie Britannique.** 51 p. par les meilleurs graveurs anglais, et texte in-fol. dans un portefeuille double.

680 **Galerie de Florence.** 200 p. et texte in-fol. tirage moderne en feuilles.

681 Galerie de Florence. Compositions de tableaux, statues et camées. 260 p. défets.

682 **Girodet** (D'ap.). Anacréon, compositions au trait, gravées par *Chatillon*. Texte et planches grand in-4. *Paris*, 1825, carton.

683 **Guenebault.** Dictionnaire iconographique des monuments chrétiens et du moyen-âge. 10 livraisons in-8, 1843, brochées.

684 **Guillaumot.** Château de Marly-le-Roy, construit en 1676, détruit en 1798. Texte orné de fig. en bois, et 14 planches in-fol. dans un portefeuille.

685 **Guillaumot.** L'Art appliqué à l'Industrie, in-4. Cahiers 1, 2, 3, les planches coloriées. — Mémoire sur Pompéi et Petra, par *Hittorff*.

686 **Guides** du Voyageur en France, in-12. Didot, 1837, dem.-rel., v. fauve. Paris à Cherbourg, carton-toile. Paris à Strasbourg, Vichy et autres. Environ 15 vol. et brochure.

687 **Heuzey** et **Daumet.** Mission archéologique de Macédoine, 8 livraisons dans un portefeuille.

688 **Hittorff.** Antiquités inédites de l'attique. Texte et planches in-fol. Paris, Didot, 1832.

689 **Horeau.** Panorama d'Egypte et de Nubie, avec le portrait de Mehemet-Ali. 37 pl. en bistre, gravées par *Rimely*, et texte orné de vignettes. Superbe exemplaire in-fol.

690 **Humboldt.** Tableaux de la nature, 1 vol. — Monuments américains, 2 vol. — 3 vol. brochés, figures.

691 **Karr** (Alphonse). Les Guêpes, 14 livraisons.

692 **Keepsake.** Biblical avec vignettes, Heath's pictural, annual et autres, 5 vol.

693 **Lamartine.** Histoire des Girondins, 8 vol. in-8, brochés.

694 **Le Bas** et **Waddington.** Voyage archéologique en Grèce et en Asie-Mineure, 1 à 66 livraisons avec texte, in-4.

695 **L'Univers pittoresque.** Europe, France, 19. Etats divers de l'Europe, 26. Asie, 12. Afrique, 7. Amérique, 5. Océanie, 3. En tout, 72 vol. in-8. Nombreuses fig., dem.-rel., veau fauve, superbe exemplaire.

696 **Mac-Carthy.** Dictionnaire géographique universel, cartes, 2 vol. in-8. Paris, 1824, reliure pleine, nerfs, fers à plat, veau fauve.

697 **Malte-Brun** et **Th. Lavallée.** Géographie universelle, 6 vol. grand in-8, fig. Paris, Furne, 1860, brochés.

698 **Mazois.** Les Ruines de Pompéi, 1812 à 1838, 4 vol., planches gravées et texte, grand in-fol., demi-rel., maroq. vert.

699 **Mérimée.** De la peinture à l'huile, 1830, vol. in-8, demi-rel., m. rouge.

700 **Nisard.** Collection des auteurs latins, Œuvres complètes d'Horace, Juvenal, Perse, etc. — Lucrèce, Virgile et autres, 2 vol. grand in-8, demi-rel., maroq. brun, superbes.

701 **Noël** et **Carpentier.** Nouveau dictionnaire des origines, inventions et découvertes, 2 vol. in-8, demi-rel., veau Lavalière.

702 **Norvins.** Histoire de Napoléon, 4 vol. in-8. Paris, Furne, 1833, demi-rel., veau fauve.

703 **Oppert** (Jules). La Mésopotamie, 21 pl. à l'eau-forte, et cartes in-fol. en feuilles, et 5 cahiers, texte in-4. Paris, 1856-1858. Dans deux portefeuilles.

704 **Ramée** (Daniel). Histoire de l'Architecture, 2 vol. — *Agnus*, Indicateur des bâtiments. — *Sageret*, Annuaires des bâtiments, 4 vol.

705 **Raphaël** (D'ap.). Amours de Psyché et Cupidon, par Apulée, texte et pl. au trait, petit in-fol. Paris, Didot, 1809, carton.

706 **Remy** (Jules). Voyage au pays des Mormons, 2 vol. in-8, nombres de figures, demi-rel., mar. vert toile, tranche dorée. Superbe.

707 Histoire du Brésil. — Les Mormons, ép. d'essai. 120 p.

708 Historia geral do Brazil, 2 vol., texte et 1 vol. de planches, 3 vol. petit in-4, 1854, brochés (en brésilien).

709 **Revue** chronologique de l'Histoire de France, 1787-1818. Paris, Didot, 1820, 1 vol. in-8, veau fauve.

740 **Roux** aîné. Charpente de la cathédrale de Messine, 13 planches en chromo et texte en feuilles. Magnifique exemplaire.

741 **Roux** et **Barré**. Herculanum et Pompei, augmenté de sujets inédits gravés au trait sur cuivre. 8 vol. grand in-8, fig. Paris, 1840, carton.

712 **Roux de Rochelle**. Fernand Cortès. — Les trois âges. — Histoire du Régiment de Champagne. 3 vol. in-8, brochés.

713 **Ségur** (Comte de). Bas-Empire, 4, Décade hist., 3. Gal. morale et pol., 3. Hist. ancienne et atlas, 4. Histoire de France, 9. Romaine, 4. Mélanges, 1. Mémoires, 3. Politique, 3. En tout 34 vol. non rognés, brochés en carton.

714 **Stephens**. Central america, Chiapas and Yucatan, 2 vol. in-8. New-York, 1841, carton en toile.

715 **Taylor** (M. le baron). L'Alhambra, dessiné et lithog. par *Asselineau*. 10 pl. coloriées et texte in-fol. Paris, 1853, très-beau vol. relié en toile. Superbe exempl.

716 — La Syrie, la Palestine, etc. Magnifique vol. orné de figures, grand in-8, demi-rel., maroq. noir et toile, tranche dorée.

717 — La Syrie, le même, broché.

718 — La Syrie, l'Egypte, la Palestine, la Judée. 2 magnifiques vol. in-4, nombreuses figures, demi-rel., maroq. rouge.

719 — La Syrie, Palestine et Judée, in-12, demi-rel., maroq. vert, toile, fer doré sur les plats, tranche dorée. — Le même, broché, 2 vol.

720 **Taylor** (M. le baron). Voyage dans l'ancienne France. Auvergne, 2. Bourgogne, 2. Bretagne, 3. Champagne, 3. Dauphiné, 2. Franche-Comté, 2. Languedoc, 6. Picardie, 4. Normandie, 2. 26 magnifiques vol. in-fol., demi-rel. et coins maroq. rouge, nerfs, dorés en tête. Normandie, 2e partie, en feuilles. Dans un portefeuille. Manquent les 6 livraisons à paraître.

721 — Voyage dans l'ancienne France. Franche-Comté, en 1 vol., dos et coins maroq. rouge, nerf. Bel exempl.

722 — Voyage dans l'ancienne France. Bourgogne, en livraisons, 1 à 45. Dans deux portefeuilles. Bel exempl.

723 — Dijon et ses monuments, superbe vol. Texte et planches in-fol., demi-rel., et coins maroq. rouge, doré en tête.

724 — Reims et ses monuments, Sacre des rois de France. Texte et planches in-fol., carton en toile. Bel exempl.

725 — La Cathédrale de Meaux. Texte et planches, in-fol., demi-rel., maroq. rouge et toile, doré en tête. Superbe exempl.

726 — Les Pyrennées, 1 vol. in-8, broché. — L'Égypte, 1 vol. in-12. — La ville de Reims, in-12, fig., carton, 3 vol.

727 Têtes d'Études, d'après Raphaël, David, Gérard, Girodet. 18 p. gravées, grand in-fol.

728 **Texier** (Ch.). Description de l'Asie mineure, superbe exemplaire, 1er vol., 1 à 83, et texte; 2e vol., 84 à 241. En trois portefeuilles in-fol.

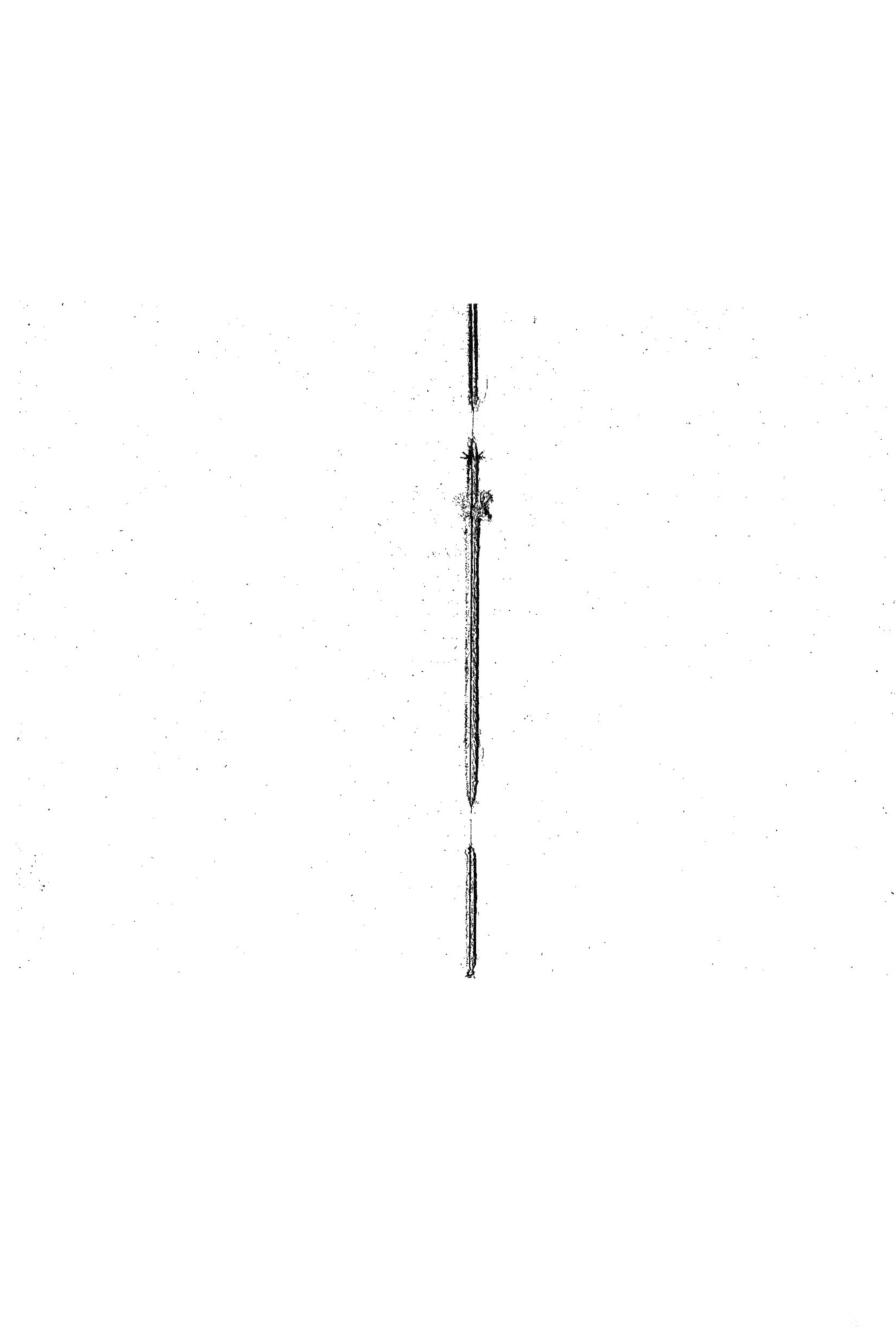

729 — Description de la Perse, l'Arménie, la Mésopotamie, superbe exemplaire, 1er vol., 1 à 80, et texte; 2e vol., 81 à 151. En 2 portefeuilles in-fol.

730 **Turpin de Crissé** (D'après le comte). Souvenir du golfe de Naples, avec texte, petit in-fol., dans son portefeuille. Superbe et rare exemplaire avec beaucoup d'ép. à l'eau-forte, avec les ép. terminées.

731 Univers pittoresque. Monuments, costumes, portraits, vues. La plupart, superbes épreuves d'artistes, et avant la lettre, environ 500 p. défets.

732 **Villemin.** Monuments français inédits, tome I, texte in-fol., carton et livraison en feuilles.

733 **Visconti.** Iconographie grecque et romaine, 1811-1829. Texte, 7 vol. in-4, et vol. in-fol. de planches, demi-rel., maroq. rouge, non rognés.

734 **Voltaire.** Œuvres complètes avec notes, préfaces, etc. 54 vol. in-8. Paris, Armand, Aubré, 1829, brochés.

735 Voyage pittoresque en Bourgogne, dessiné d'après nature, et lithographié par divers artistes. 1re partie, Côte-d'Or; 2e partie, Saône-et-Loire. 126 pl. lithog. Et texte in-fol. Dans un portefeuille. Collection publiée par Jobart, à Dijon.

736 **Walter Scott.** Œuvres, 27 vol. in-8. Paris, Furne, 1830, brochés.

737 Compléments de Walter Scott. Guide du Voyageur en Ecosse, orné de 120 gravures, 1 vol. in-8. Paris, Didot, carton.

738 Tableaux historiques de la Révolution française, 2 vol. Texte et planches in-fol. Paris, A. Bertrand, 1817, carton, dos toile.

739 Autun archéologique. Essai sur le système défensif des Romains dans le pays d'Eduen. Dijon ancien et moderne. Origines dijonnaises. Recherches sur l'arrond. de Langres. Preuves de la découverte du cœur de saint Louis, Notre-Dame de Reims. Description de Reims. Essais historiques. Carcassonne, Nîmes et autres. 24 vol., et brochures.

740 Classique français, bibliothèque portative. T. Corneille, Hamilton, Montesquieu, St-Lambert, St-Real, L. Racine, J.-B. Rousseau, 16 petits vol., 1827-1845. Paris, Debure, brochés.

741 Encyclopédie moderne des sciences et des arts, 27 vol. in-8, brochés, et 161 planches au lieu de 405. Manquent 244 planches.

742 Manuel du peintre, l'art de graver, par Stapart. Manière de graver, par Ab. Bosse. Notice sur la vie de Léopold Robert. Revue des Beaux-Arts, par Pigeory, etc. 10 vol. et brochures.

743 Abrégé de Géographie, par Balbi, demi-rel. Biographie universelle portative, Dubochet, in-8. Code de la législation, par Bacoux, demi-rel. Epreuves des caractères fonderie Laboulaye, 2 vol. Œuvres d'Homère, Mably, sur l'Histoire de France. Journal des Connaissances utiles, Femimore Cooper. La Chine, vues et costumes, 2 vol. Annuaires des Associations des artistes, des in-

venteurs. Géométrie de Monge. Dict. latin. Géométrie et arithmétique de Bezout. Table des logarithmes. Grammaire grecque. Trigonométrie de Lacroix. Algèbre. Biographie. Catalogues de ventes de livres. Estampes. Tableaux, etc.

744 Livrets des expositions des artistes vivants au Musée, an XII, 1808, 1814, 1817 à nos jours, 42 vol.

745 Livrets du Musée du Louvre royal, impérial, Sculptures, Antiquités, Palais de Versailles, Musée des Ternes, d'Artillerie, Musées de Dijon, Troyes, Anvers, etc. Expositions universelles, (1844), et Rapport, (1855-1862), etc., 30 broch.

746 **Cartes**, par Dussieux. Épreuves, dessins calques, etc., en un lot.

747 **Paris**. Plans, vues et détails des principaux monuments, tiré des meilleurs ouvrages modernes, 36 pl. dans un portefeuille.

748 Plans de Paris, Orléans, Reims, Cartes du Bosphore, Constantinople et autres, grand in-fol., les départements de Normandie, 5. En tout 31 pl.

749 Nombre de portefeuilles vides.

750 Les Objets non catalogués.

RENOU et MAULDE, imprimeurs de la Compagnie des Commissaires-Priseurs, rue de Rivoli, 144. 12248

6	Amerique	1.80	
64	Etranger	12.80	
288	France	43.20	
92	Paris Poste	13.80	
254	distribués	15.—	
704		86.60	86.60

4 Mains de papier chemises et bandes a 3/	6
13 pelottes de ficelles a 70c	9.10
Moniteur universel	10.—
	32.—
	48.—
Honoraires	1558 50
Remis a Bernard pour les derangements	100.—
	1850 20
Amedée	20

			1169 75
735	Bourgogne	E. Petit	23
739	Autun	E. Petit	22
741	Encyclopedie		11
743	Biographie		14
744	livrets	Teissere	12
1	Tres grand portef.	Clusener	9 50
6	portef.		8 50
12	—		12 50
10			11
24			17
24			8 50
			1318 75
			65 95
			1384 70

296r. Nte Lemaitre

No.	Titre		Fr.	c.
195	Sigalon Courtisane 2 Pierres	Guerre	23	
232	Cook 7 vig.	Omer Duquesne	7	
283	Decamps	Grout	30	
239	Devauz LeBas	Laperlier	5	
245	Ecoles diverses	Grojean	4	
257	Le prisonnier	Grout	12	
259	Feilley	Grojean	1	
260	Gelée Marie	Cluseret	12	
261	Virgile	Chiaromonty	7	50
263	Gericault	Laperlier	13	
266	Diogene	Grout	12	
269	Jazet Fleau	Cluseret	9	50
270. 271	Mazeppa Cavalcature	Cluseret	19	
273.	orphelin	Grojean	1	
274.	Johannot	M. des Chenets	5	
275.	Werther	M. des Chenets	5	
276	Vig. Walter Scott	Lemrauy	6	
277	Johannot	M. des Chenets	6	
279	Walter Scott	M. des Chenets	24	
288	Appolini	Laperlier	12	
334	anatomie		7	
336	Maintenon	Co	21	
337	Migey	Migey	9	
343	Chartres		9	
351	Portraits		8	
355	Raffet	Grojean	7	
359	Richomme M. antoine	Grojean	2	
361	Rollers traineau	Cluseret	10	
366	Vallet chien zegin	Cluseret	2	50
368	Cigale es fourmi	M. des Chenets	4	
372	anacreon	M. des Chenets	10	
373	portef. Vignette	M. des Chenets	13	
382	Farlane Christ	Laperlier	9	
387	Desmadryl	Grojean	2	
389	Deveria	M. des Chenets	2	
391	Dieu 2 Vierges		1	
393	Vierge Parmesan	Grojean 1.15	2	25
395	Jazet	Grojean	3	
415	Dame	Grojean	4	
419	attente du bal	Grout	10	
423	Enf. moden	~~Grojean~~	3	
424	Ex amieur	Grojean	3	
428	nargeot		5	
429	Port de pendules	Grojean	4	
430	Religion 44 fr		20	
442	Encyclopedie		21	
450	Pheniciens	Lemrauy	14	
452	afrique	Lemrauy	8	
			427	75

No.	Titre		Fr.	c.
			427	75
456	asie	Lemrauy	5	
457	—	Lemrauy	5	
458	—	Lemrauy	15	
489	Corse		5	
490	Paris		41	
485	Danemarck	Lind	6	
498	Pologne	Baroux	12	
502	IX Sle	Lemrauy	6	
508	~~[illegible]~~ Cologne		15	50
516	XIX	Lemrauy	6	
517		Lemrauy	7	
519	XI au XIX	Lemrauy	13	
520		Lemrauy	26	
522		Lemrauy	18	
523		Lemrauy	19	
524	Paris		35	
525	Chartres		16	
527	normandie	Houzard	40	
528	Maintenon	Combrouse	16	
581	Berrie	Dekroux	16	
584	Cooke	Mr Clement	~~5~~	
589	Pauron	Dekroux	6	50
593	Johannot	Mr Clement	~~4~~	
598	le singe	Mr Clement	~~3~~	
605	H. IV.	M. Dekroux	11	
620	Faut. arabe	Laperlier	4	
624	Dauzats	Laperlier	11	
628	Lafon 2 p.	Grojean	7	
631	Ouvrier	Laperlier	25	
634	Signol	Lemrauy	5	
S. 636	— flore	Franck	7	
637	— 2 demies	Mr Clement	~~14~~	
639	Vernier	Grojean	9	
641	—	Grojean	8	
643	Lesbals	Guerre	30	
666	Dezobry	Grojean	11	
672	Didot	Mahieu	4	
673	Dulaure	Mr Clement	~~15~~	
679	Gal. Britain	Laperlier	63	
691	Karr		2	
693	Lamartine	Mr Clement	~~20~~	
696	Mac Carthy	Mr Clement	~~16~~	
697	Maltebrun	Mr Clement	~~31~~	
706	Remy Mormons	Combrouse	22	
733	Vicomtes	Lemrauy	45	
734	Voltaire	Mr Clement	~~41~~	
			1169	75

RENOU et MAULDE, imprimeurs de la Compagnie des Commissaires-Priseurs, rue de Rivoli, 144 12248

www.ingramcontent.com/pod-product-compliance
Ingram Content Group UK Ltd.
Pitfield, Milton Keynes, MK11 3LW, UK
UKHW020255220726
13923UKWH00002B/936